띠다오 중국어

바로 배우고 바로 말한다

북경한국국제학교 한어교육부 편저

민중서림

띠다오 중국어를 발간하며

국제사회에서 중국의 비중이 날로 커지고 우리나라와의 관계가 긴밀해짐에 따라 중국어에 대한 관심은 그 어느 때보다도 높다. 따라서 대학은 물론 중고등학교에서도 제2외국어로 각광받고 있으며, 심지어 중국으로의 조기유학이 성행하고 있음은 잘 알려진 사실이다. 그러나 이러한 현상과는 달리 실제 교육현장에서 느끼는 중국어 교육 현실은 매우 안타깝기만 하다. 너도나도 중국어를 배우려고 하지만 실제로 중국어를 일정 수준에 이르기까지 잘 습득하는 경우는 그리 많지 않기 때문이다. 이러한 현상은 특히 중고등학교 학생들에게 자주 나타나는데 그 이유는 무엇보다도 학생들에게 적합한 교재가 부족하다는 점을 지적하지 않을 수 없다.

중국에는 이미 북경·상해를 비롯한 여러 도시에 한국인들이 대거 진출해 있으며 그 자녀들을 위한 한국학교가 설립되어 있다. 이는 한국 교육의 바탕 위에 중국어 교육을 중점적으로 실시하여 장차 한중 교류에 이바지할 중국 전문가를 양성하기 위함이다. 그러나 그동안 마땅한 교재가 없어 중국 학교의 어문(語文) 교과서를 사용하거나 성인 외국인을 대상으로 한 교재를 주로 사용하여 왔다. 하지만 어문 교과서는 중국어를 모국어로 구사하는 중국 학생들을 위한 것이어서 일정 수준의 기초가 있는 학생들에게 적합한 교재이고, 성인을 대상으로 한 교재 역시 아직 어린 학생들에게는 이해하기 어려운 부분이 있어 처음 중국어를 배우는 학생들에게는 다소 무리가 있었다.

이에 우리 북경한국국제학교에서는 2년 전부터 우리 학생들에게 적합한 교재 개발에 착수하였다. 중국 현지에서 중국어 교육의 제일선을 담당하고 있는 선생님들로서 '어떻게 하면 우리 학생들이 언어장벽과 문화충격을 최대한 빨리 극복하고 중국 생활에 불편함이 없도록 할 수 있을까?' 오로지 이 문제를 해결하기 위해 연구와 토론을 거듭하면서 이 책을 집필하였다. 교학 경험이 풍부한 한국인 선생님과 중국인 선생님들이 협력하여 상황별 대화문을 엄선하고 필요한 곳에는 주석을 덧붙였다. 중국어의 기초를 다루면서도 실제적인 대화가 가능하도록 구성되어 있으므로, 이곳 북경 현지에서의 학습성과와 마찬가지로 한국 학생들에게도 중국어 회화와 기초를 다지는 데 크게 도움이 될 것이라 확신한다.

외국어는 다른 교과목과는 달리 특별한 요령이 필요하지 않다. 다만 성실한 노력만이 필요할 뿐이다. 본 교재를 공부함에 있어 먼저 많이 듣고 따라 읽기를 권한다. 그런 다음에 필요한 어법을 익히고, 이미 배운 문장들을 응용하여 다양하게 말해보기 바란다. 이렇게 한 걸음 한 걸음 앞으로 나가다 보면 이 책의 마지막에 가서는 어느새 중국어로 일기나 한 편의 글도 쓸 수 있을 만큼 실력이 향상될 것이다. 이 책을 교재로 공부하는 분들의 성공을 빈다.

2006년 2월

북경한국국제학교장 김 태 선

目录

 ## 중국어와 한어

한국에서는 '중국어'(中国语, zhōngguóyǔ)라고 하는데 중국에서는 왜 '한어'(汉语, hànyǔ)라고 할까?

　중국은 총 56개의 민족으로 구성된 국가이다. 이 중 주류를 이루는 민족이 한족(약 94%)이고, 이들 한족들이 사용하는 언어를 한어라고 한다. 한족 이외 55개의 민족을 통틀어 소수민족이라고 하는데, 소수민족들도 자기의 언어를 가지고 있는 경우가 많아 중국 내에서 사용되는 언어만 해도 수십 종이 넘는다고 한다. 중국어란 말 그대로 중국인이 사용하는 언어이다. 그러므로 한족들이 사용하는 한어와 각 소수민족들이 사용하는 언어를 모두 중국어라고 할 수 있다. 이제부터 우리가 공부하려는 것은 중국 내에서도 가장 많은 사람들이 사용하는 '한어'이다. 한국에서 말하는 중국어도 실제로는 이 한어를 가리킨다.

 ## 중국의 표준어

한어에는 아주 많은 방언들이 있다. 그래서 일정한 기준을 마련하여 국가 표준어를 제정하였는데 이를 '보통화'(普通话, pǔtōnghuà)라고 부른다. 우리가 지금 배우려는 것이 바로 이 보통화이다. 한어는 넓은 의미로는 방언까지도 포함하지만, 좁은 의미로는 표준어인 보통화만을 가리키기도 한다. 보통화는 북경어 발음을 표준음으로 하고, 중국 북방지역에서 쓰는 낱말을 기본 어휘로 하며, 전형적인 현대 구어체의 저작물에서 문법체계를 취한 국가 공용어이다. 공식적인 장소나 매스컴, 학교 등에서는 반드시 이러한 보통화를 사용한다. 북경어는 수많은 방언 중에서 표준어에 가장 가까운 방언이지 진정한 의미의 표준어는 아니다.

 ## 중국의 한자와 한국의 한자

중국의 문자는 '한자'(汉字, hànzi)이다. 그런데 현재 중국에서 사용하고 있는 한자는 왜 한국에서 사용하고 있는 한자와 모양이 다를까? 현재 중국에서 공식적으로 사용하고

있는 한자는 중화인민공화국이 성립된 후 일반 사람들이 쉽게 사용할 수 있도록 원래의 형태를 간단하게 바꾼 것으로, 이를 '간화자'(简化字, jiǎnhuàzi)라고 한다. 그리고 그 이전에 쓰던 한자를 '번체자'(繁体字, fántǐzi)라고 한다. 한국에서 쓰는 한자는 바로 번체자이다. 그래서 중국에서 쓰는 한자와 한국에서 쓰는 한자는 그 모양이 다른 것이다.

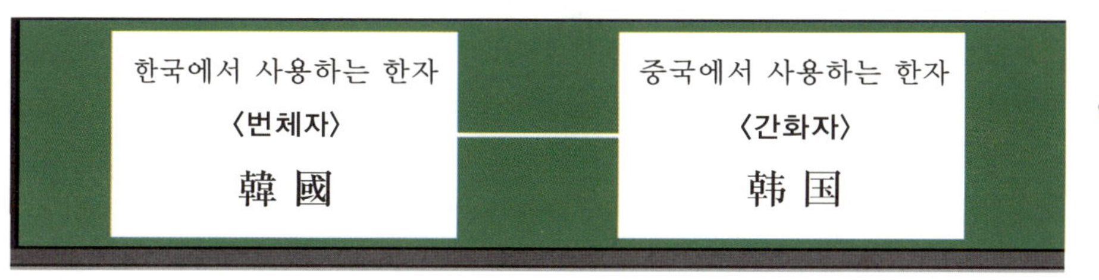

 한어 병음

한자는 뜻을 나타내는 글자이기 때문에 그 글자만으로는 발음을 알 수가 없다. 따라서 그 발음을 표기하기 위한 별도의 부호가 필요하다. 중국 정부는 1958년 26개의 라틴 자모를 이용해서 중국어의 음을 표기하는 방안을 제정하였는데, 이것을 '한어병음방안'(汉语拼音方案, hànyǔ pīnyīn fāng'àn)이라고 하고, 그 자모를 '한어병음자모'(汉语拼音字母, hànyǔ pīnyīn zìmǔ)라고 한다.

 음절의 구성

중국어에서 한 음절은 보통 '성모'(声母, shēngmǔ), '운모'(韵母, yùnmǔ), '성조'(声调, shēngdiào) 세 가지의 요소로 이루어진다.

성모는 한 음절의 첫머리에 오는 자음을 말하고, 운모는 성모를 제외한 나머지 부분을 말하며, 성조는 음의 높낮이를 말한다. 성모 없이 운모만으로 한 음절을 구성하는 경우도 있다.

음절	성모	운모	성조
中 (zhōng)	zh	ong	-
国 (guó)	g	uo	´
爱 (ài)	없음	ai	`

성모표

b p m f		d t n l
g k h		j q x
zh ch sh r		z c s

운모표

a	o	e	i	u	ü	-i	er
ai ao	ou	ei	ia ie iao iu	ua uo uai ui	üe	※ -i 는 성모 z, c, s zh, ch, sh, r 뒤에만 온 다.	
an ang	ong	en eng	ian in iang ing iong	uan un uang ueng	üan ün		

성조

보통화에는 네 가지의 성조가 있다. 이를 각각 '제1성'(第一声, dìyīshēng), '제2성'(第二声, dì'èrshēng), '제3성'(第三声, dìsānshēng), '제4성'(第四声, dìsìshēng)이라고 하고, 부호를 사용하여 성조를 표시한다.

성조는 중국어에서 매우 중요한 역할을 한다. 성모와 운모가 같더라도 성조가 다르면 의미도 달라지므로 정확하게 잘 익혀두어야 한다.

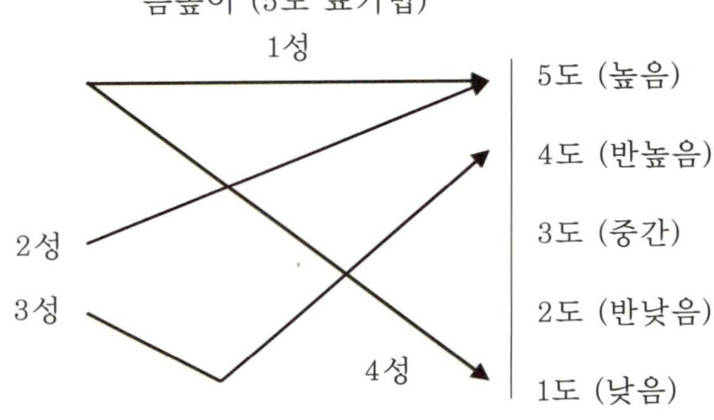

성조	부호	보기
제1성	ˉ	bā
제2성	´	bá
제3성	ˇ	bǎ
제4성	`	bà

bā
(八, 여덟)

bá
(拔, 뽑다)

bǎ
(靶, 과녁)

bà
(爸, 아버지)

성조 표기법

❶ 성조는 반드시 모음(a, o, e, i, u, ü) 위에 표시한다. ➔ mǔ, fān, péng

❷ i 위에 성조를 표시해야 할 경우, i 위의 점을 생략한다. ➔ jǐ, qín, xīng

❸ 한 음절의 모음이 두 개 이상일 경우에는 아래와 같은 순서로 표시한다.

 ➤ a가 있을 경우, 무조건 a 위에 ➔ diāo, kuài, liǎng, chuáng

 ➤ a가 없고 o나 e가 있을 경우, o나 e 위에 ➔ tōu, xióng, gěi, nüè

 ➤ iu는 u 위에, ui는 i 위에 ➔ niú, huī

성모와 운모 결합표 (1)

운모 성모	a	o	e	ai	ei	ao	ou	an	en	ang	eng	er
	a	o	e	ai	ei	ao	ou	an	en	ang	eng	er
b	ba	bo		bai	bei	bao		ban	ben	bang	beng	
p	pa	po		pai	pei	pao	pou	pan	pen	pang	peng	
m	ma	mo	me	mai	mei	mao	mou	man	men	mang	meng	
f	fa	fo			fei		fou	fan	fen	fang	feng	
d	da		de	dai	dei	dao	dou	dan	den	dang	deng	
t	ta		te	tai		tao	tou	tan		tang	teng	
n	na		ne	nai	nei	nao	nou	nan	nen	nang	neng	
l	la		le	lai	lei	lao	lou	lan		lang	leng	
g	ga		ge	gai	gei	gao	gou	gan	gen	gang	geng	
k	ka		ke	kai	kei	kao	kou	kan	ken	kang	keng	
h	ha		he	hai	hei	hao	hou	han	hen	hang	heng	
j												
q												
x												
zh	zha		zhe	zhai	zhei	zhao	zhou	zhan	zhen	zhang	zheng	
ch	cha		che	chai		chao	chou	chan	chen	chang	cheng	
sh	sha		she	shai	shei	shao	shou	shan	shen	shang	sheng	
r			re			rao	rou	ran	ren	rang	reng	
z	za		ze	zai	zei	zao	zou	zan	zen	zang	zeng	
c	ca		ce	cai		cao	cou	can	cen	cang	ceng	
s	sa		se	sai		sao	sou	san	sen	sang	seng	

X

성모와 운모 결합표 (2)

운모 성모	i	-i	ia	ie	iao	iu	ian	in	iang	ing	iong
	yi		ya	ye	yao	you	yan	yin	yang	ying	yong
b	bi			bie	biao		bian	bin		bing	
p	pi			pie	piao		pian	pin		ping	
m	mi			mie	miao	miu	mian	min		ming	
f											
d	di			die	diao	diu	dian			ding	
t	ti			tie	tiao		tian			ting	
n	ni			nie	niao	niu	nian	nin	niang	ning	
l	li		lia	lie	liao	liu	lian	lin	liang	ling	
g											
k											
h											
j	ji		jia	jie	jiao	jiu	jian	jin	jiang	jing	jiong
q	qi		qia	qie	qiao	qiu	qian	qin	qiang	qing	qiong
x	xi		xia	xie	xiao	xiu	xian	xin	xiang	xing	xiong
zh		zhi									
ch		chi									
sh		shi									
r		ri									
z		zi									
c		ci									
s		si									

성모와 운모 결합표 (3)

운모 성모	u	ua	uo	uai	ui	uan	un	uang	ueng	ong
	wu	wa	wo	wai	wei	wan	wen	wang	weng	
b	bu									
p	pu									
m	mu									
f	fu									
d	du		duo		dui	duan	dun			dong
t	tu		tuo		tui	tuan	tun			tong
n	nu		nuo			nuan				nong
l	lu		luo			luan	lun			long
g	gu	gua	guo	guai	gui	guan	gun	guang		gong
k	ku	kua	kuo	kuai	kui	kuan	kun	kuang		kong
h	hu	hua	huo	huai	hui	huan	hun	huang		hong
j										
q										
x										
zh	zhu	zhua	zhuo	zhuai	zhui	zhuan	zhun	zhuang		zhong
ch	chu	chua	chuo	chuai	chui	chuan	chun	chuang		chong
sh	shu	shua	shuo	shuai	shui	shuan	shun	shuang		
r	ru	rua	ruo		rui	ruan	run			rong
z	zu		zuo		zui	zuan	zun			zong
c	cu		cuo		cui	cuan	cun			cong
s	su		suo		sui	suan	sun			song

성모와 운모 결합표 (4)

운모 성모	ü	üe	üan	ün
	yu	yue	yuan	yun
n	nü	nüe		
l	lü	lüe		
j	ju	jue	juan	jun
q	qu	que	quan	qun
x	xu	xue	xuan	xun

▌ 병음 표기 규칙 ▌

❶ i로 시작하는 운모가 성모 없이 단독으로 음절을 이룰 때
  ➤ i 뒤에 다른 모음이 있을 경우 i를 y로 바꾸어 쓴다.
   ia ⇒ ya   ie ⇒ ye   iao ⇒ yao   iou ⇒ you
   ian ⇒ yan   iang ⇒ yang   iong ⇒ yong
  ➤ i 뒤에 모음이 없을 경우 i 앞에 y를 쓴다.
   i ⇒ yi   in ⇒ yin   ing ⇒ ying

❷ u로 시작하는 운모가 성모 없이 단독으로 음절을 이룰 때
  ➤ u 뒤에 다른 모음이 있을 경우 u를 w로 바꾸어 쓴다.
   ua ⇒ wa   uo ⇒ wo   uai ⇒ wai   uei ⇒ wei   uan ⇒ wan
   uen ⇒ wen   uang ⇒ wang   ueng ⇒ weng
  ➤ u 뒤에 모음이 없을 경우 u 앞에 w를 쓴다.
   u ⇒ wu

❸ 운모 iou, uei, uen 앞에 성모가 올 때에는 각각 iu, ui, un으로 표기한다.
   생략된 모음의 음가는 여전히 남아 있다.
   d - iou ⇒ diu   k - uei ⇒ kui   l - uen ⇒ lun

❹ ü로 시작하는 운모가 성모 없이 단독으로 음절을 이룰 때에는 ü 앞에 y를 쓰고, ü 위의
   두 점은 생략한다.

ü ⇒ yu   üe ⇒ yue   üan ⇒ yuan   ün ⇒ yun

❺ ü로 시작하는 운모가 성모 j, q, x와 결합될 때에는 ü위의 두 점을 생략한다. 그러나 성모 n, l과 결합될 때에는 ü 위의 두 점을 생략하지 않는다.

j - ü ⇒ ju   j - üe ⇒ jue   j - üan ⇒ juan   j - ün ⇒ jun

q - ü ⇒ qu   q - üe ⇒ que   q - üan ⇒ quan   q - ün ⇒ qun

x - ü ⇒ xu   x - üe ⇒ xue   x - üan ⇒ xuan   x - ün ⇒ xun

n - ü ⇒ nü   n - üe ⇒ nüe

l - ü ⇒ lü   l - üe ⇒ lüe

❻ a, o, e로 시작하는 음절이 다른 음절의 뒤에 연이어서 올 때 음절 간의 혼동을 방지하기 위하여 격음부호(’)를 사용한다.

xiān (先, 먼저) xī’ān (西安, 서안)

 ## 성조의 변화

경성

한 단어나 문장 속의 어떤 음절은 원래의 성조를 잃어버리고 짧고 가볍게 발음되는 경우가 있는데 이것을 경성(轻声, qīngshēng)이라고 한다. 경성은 성조를 표시하지 않는다. 경성의 음높이는 고정적인 것이 아니라 앞 음절의 성조에 따라 달라진다. 대체로 제3성 뒤에서 가장 높고, 그 다음이 제2성, 제1성의 순서이며, 제4성 뒤에서 가장 낮다.

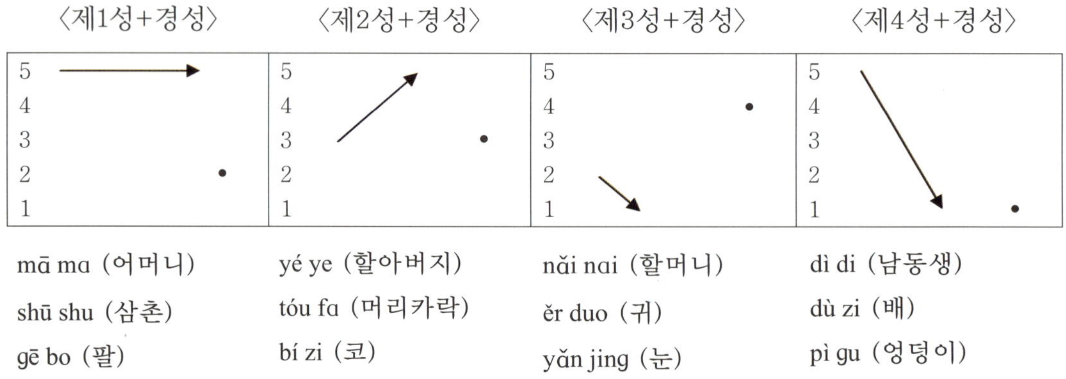

'一'(yī)의 성조 변화

'一'(yī)는 원래 제1성이다. 단독으로 읽거나 수를 셀 때, 또는 단어나 문장의 끝에 올 때에는 원래의 성조대로 발음한다. 그러나 '一' 뒤에 4성이 올 때에는 2성으로 발음하고, '一' 뒤에 1성, 2성, 3성이 올 때에는 4성으로 발음한다.

➤ 원래대로 1성으로 발음하는 경우
　yī èr sān (一、二、三, 하나, 둘, 셋)　　tiān xià dì yī (天下第一, 천하제일)

➤ '一(yī)' + 4성 ➜ '一(yí)' + 4성
　yí yàng (一样, 같다)　　yí dìng (一定, 반드시)

➤ '一(yī)' + 1성, 2성, 3성 ➜ '一(yì)' + 1성, 2성, 3성
　yì tiān (一天, 하루)　　yì nián (一年, 1년)　　yì qǐ (一起, 같이)

'不'(bù)의 성조 변화

'不'(bù)는 원래 제4성이다. 단독으로 읽거나 단어 또는 문장의 끝에 올 때에는 원래의 성조대로 발음한다. 그러나 다른 4성 앞에서는 2성으로 발음한다.

➤ 원래대로 4성으로 발음하는 경우
　bù hē (不喝, 마시지 않는다)　　bù lái (不来, 오지 않는다)
　bù hǎo (不好, 좋지 않다)

➤ '不(bù)' + 4성 ➜ '不(bú)' + 4성
　bú yào (不要, 원하지 않는다)　　bú qù (不去, 가지 않는다)

제3성의 성조 변화

3성은 뒤에 이어지는 음절의 성조에 따라 다음과 같이 변한다. 성조가 변하더라도 성조 기호는 원래대로 3성으로 표시한다.

❶ 3성과 3성이 이어지면 앞의 3성은 2성으로 발음한다.

단어	표기할 때	발음할 때
水果 (과일)	shuǐ guǒ	shuí guǒ
手表 (손목시계)	shǒu biǎo	shóu biǎo

❷ 3성 뒤에 1성, 2성, 4성, 경성이 이어지면 앞의 3성은 반3성으로 발음한다. 반3성이란, 3성의 앞쪽 하강부분만 발음하고 뒤의 상승부분은 발음하지 않는 것을 말한다.

〈반3성〉

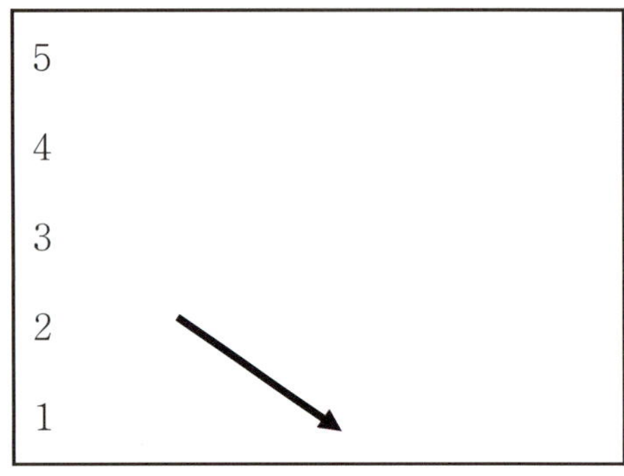

단어	읽어보기
老师 (선생님)	lǎo shī
草莓 (딸기)	cǎo méi
土地 (땅)	tǔ dì
椅子 (의자)	yǐ zi

❸ 3성과 경성이 이어질 경우, 일반적으로는 앞의 3성을 반3성으로 발음하지만 때에 따라서는 2성으로 발음하기도 한다.

단어	표기할 때	발음할 때
小姐 (아가씨)	xiǎo jie	xiáo jie
哪里 (어디)	nǎ li	ná li

 ## 儿化 (érhuà)

'儿'(ér)은 ér zi(儿子, 아들), yīng'ér(婴儿, 아기)에서처럼 구체적인 의미를 지니고 독립적으로 음절을 형성하기도 하지만 때로는 구체적인 의미 없이 독립된 음절을 이루지 못하고 앞 운모의 일부로 동화되는 경우가 있는다. 이것을 '儿化'(ér huà)라고 하며 이렇게 형성된 운모를 '儿化韵'(érhuàyùn)이라고 한다. 앞 음절 뒤에 r을 붙여서 표기하는데 r의 발음은 경우에 따라 약간씩 차이가 있다.

xiǎo yúr (小鱼儿, 작은 물고기)　　shìr (事儿, 일)
xiǎo háir (小孩儿, 어린 아이)　　huār (花儿, 꽃)
ménr (门儿, 문)　　xiǎo chóngr (小虫儿, 작은 벌레)

1 你好！

- 사람을 가리키는 낱말들을 익혀 봅시다.
- 여러 가지 인사 표현들을 익혀 봅시다.
- 선생님, 친구들과 인사말을 나누어 봅시다.
- 1~10까지의 숫자를 익혀 봅시다.

사람을 가리키는 낱말

我	wǒ	나		他们	tāmen	그들
你	nǐ	너, 당신		她们	tāmen	그녀들
您	nín	당신		大家	dàjiā	모두
他	tā	그				
她	tā	그녀				
我们	wǒmen	우리				
你们	nǐmen	너희들, 당신들				

1

nǐ hǎo
你 好！

nǐ hǎo
你 好！

2

zǎo shang hǎo
早 上 好！

zǎo shang hǎo
早 上 好！

3

wǎn shang hǎo
晚 上 好！

wǎn shang hǎo
晚 上 好！

4

wǎn ān
晚 安！

wǎn ān
晚 安！

낱│말│풀│이

1

1) 好 hǎo : 좋다, 안녕하다
• '你好'는 때와 장소, 대상에 관계 없이 가장 보편적으로 쓰이는 인사말이다. 윗사람에게는 '您好' nín hǎo 라고 인사하는 것이 예의 바른 표현이다.

2

2) 早上 zǎoshang : 아침
• '早上好'는 아침에 하는 인사말이다.

3

3) 晚上 wǎnshang : 저녁, 밤
• '晚上好'는 저녁에 하는 인사말이다.

4

4) 安 ān : 편안하다, 평안하다
• '晚安'은 밤에 잠자리에 들기 전에 하는 인사로, '잘 자', '안녕히 주무세요' 라는 의미이다.

xiè xie

谢 谢！

bú kè qi

不 客 气。

duì bu qǐ

对 不 起！

méi guān xi

没 关 系。

zài jiàn

再 见！

zài jiàn

再 见！

nín màn zǒu

您 慢 走！

míng tiān jiàn

明 天 见！

5
5) **谢谢** xièxie: 감사합니다
6) **不客气** búkèqi: 천만에요
-상대방이 감사의 뜻을 표현
했을 때 하는 말로서, '**不用
谢**' búyòngxiè라고 말하기도
한다.

6
7) **对不起** duìbuqǐ: 미안합
니다
8) **没关系** méiguānxi: 괜찮
아요
-상대방이 사과를 했을 때 하
는 말이다.

7
9) **再** zài: 다시
10) **见** jiàn: 보다, 만나다
• '**再见**'은 작별할 때 주고
받는 인사말이다.

8
11) **慢** màn: 늦다, 느리다
12) **走** zǒu: 걷다, 가다
• '**慢走**'는 '천천히 걷다'라
는 뜻인데, 손님을 배웅할
때 하는 인사말로서 '살펴
가세요', '안녕히 가세요'
라는 의미이다.
13) **明天** míngtiān: 내일

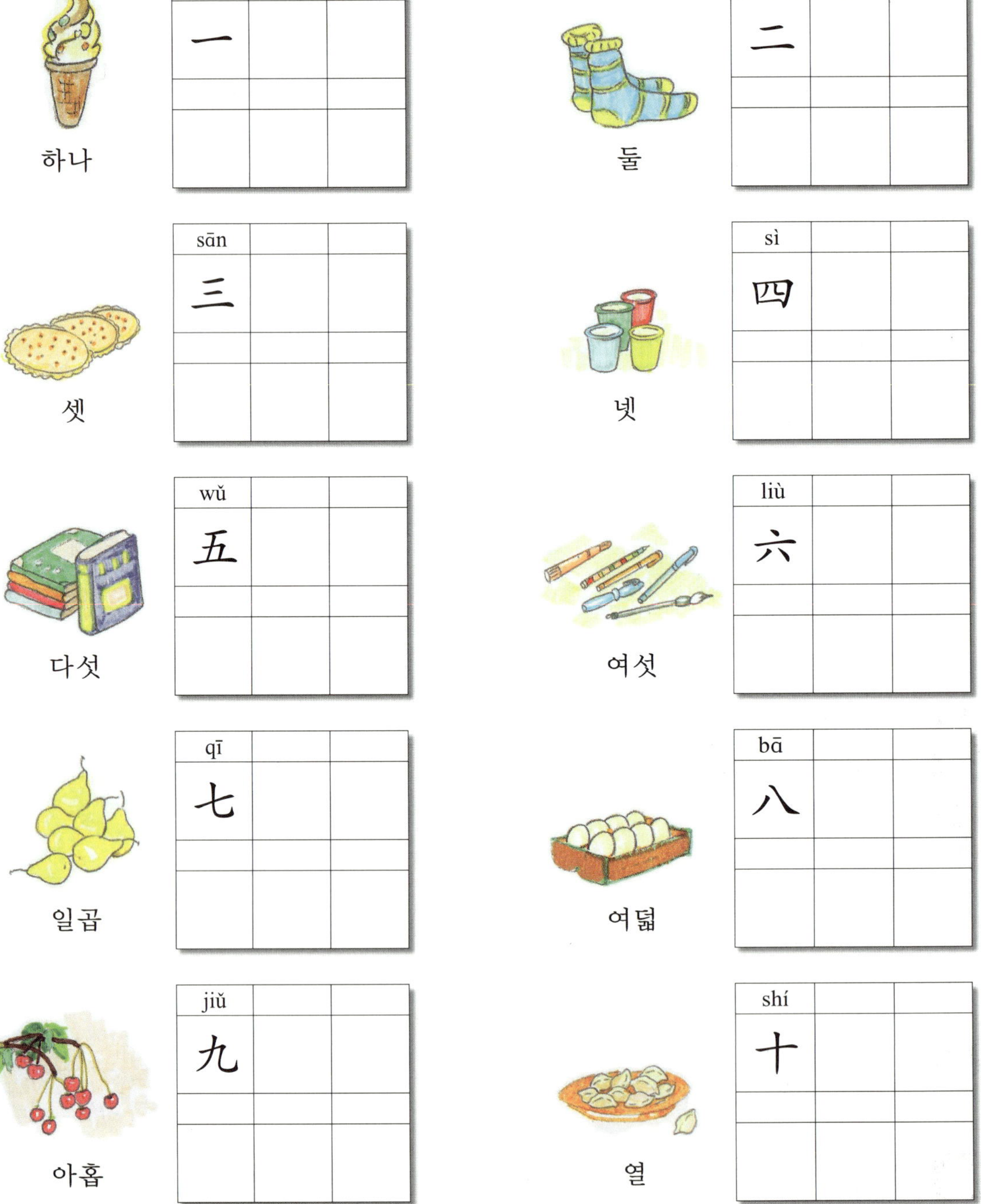

yī
一
하나
èr
二
둘
sān
三
셋
sì
四
넷
wǔ
五
다섯
liù
六
여섯
qī
七
일곱
bā
八
여덟
jiǔ
九
아홉
shí
十
열

1 다음의 인사 표현들은 어느 때 할 수 있을까요? 상대방에 따라 달라지는
인사 표현들을 알아봅시다.

你 好 ！

您 好 ！

你 们 好 ！

大 家 好 ！

2 아침 저녁으로 시간에 따라 달라지는 인사 표현을 익혀 봅시다.

早 上 好 ！

晚 上 好 ！

晚 安 ！

3 고마움에 대한 인사 표현을 들었을 때 어떻게 말하면 좋을까요?

谢 谢 您 ！

不 客 气 。

谢 谢 你 ！

别 客 气 。

非 常 感 谢 ！

不 用 谢 ！

4 미안하다는 사과의 말을 들었을 때 어떻게 말하면 좋을까요?

老师，对不起！
没关系。

对不起，妈妈。
没事儿。

对不起。
不用客气。

5 헤어질 때 하는 인사에는 어떤 것들이 있을까요?

再见！
再见！

明天见！
明天见！

慢走！
再见！

wǒ	wǒ	wǒ	wǒ	wǒ					
我	我	我	我	我					
nǐ	nǐ	nǐ	nǐ	nǐ					
你	你	你	你	你					
tā	tā	tā	tā	tā					
他	他	他	他	他					
men	men	men	men	men					
们	们	们	们	们					
hǎo	hǎo	hǎo	hǎo	hǎo					
好	好	好	好	好					
zài	zài	zài	zài	zài					
再	再	再	再	再					
jiàn	jiàn	jiàn	jiàn	jiàn					
见	见	见	见	见					
duì	duì	duì	duì	duì					
对	对	对	对	对					
bù	bù	bù	bù	bù					
不	不	不	不	不					
qǐ	qǐ	qǐ	qǐ	qǐ					
起	起	起	起	起					

2 这是什么？

- 사람이나 사물을 가리키는 대명사를 익혀 봅시다.
- 우리가 사용하는 학용품의 이름을 알아봅시다.
- 양사(量词)에 관하여 알아봅시다.

사람이나 사물을 가리키는 낱말

这	zhè	이(것)
那	nà	저(것)
哪	nǎ	어느(것)
谁	shéi / shuí	누구
什么	shénme	무엇, 무슨

학용품

书	shū	책
本子	běnzi	공책
纸	zhǐ	종이
铅笔	qiānbǐ	연필
圆珠笔	yuánzhūbǐ	볼펜
铅笔盒	qiānbǐhé	필통
橡皮	xiàngpí	지우개
尺子	chǐzi	자
文件夹	wénjiànjiā	파일
书包	shūbāo	책가방

zhè shì shén me
这是什么？

zhè shì shū
这是书。

nà shì shén me
那是什么？

nà shì běn zi
那是本子。

zhè shì qiān bǐ ma
这是铅笔吗？

shì qiān bǐ
是铅笔。

nà shì bu shì běn zi
那是不是本子？

bú shì nà shì shū
不是，那是书。

낱│말│풀│이

1

1) 是 shì : ～이다

3

2) 吗 ma : 한 문장의 끝에 와서 의문문을 만드는 낱말

4

3) 不 bù : ～않다, 아니다
-부정을 나타내는 낱말
☞ 这不是书。zhè búshì shū
　-이것은 책이 아닙니다.

4) 是不是 shìbushì : '是'와 '不是'를 연이어 사용하여 '～입니까? 아닙니까?' 라는 의문문을 만들 수 있다.

tā shì shéi
她 是 谁 ？

tā shì lǎo shī
她 是 老 师 。

zhè shì shéi de xiàng pí
这 是 谁 的 橡 皮 ？

zhè shì wǒ de xiàng pí
这 是 我 的 橡 皮 。

nà yě shì nǐ de ma
那 也 是 你 的 吗 ？

bú shì nà shì tā de
不 是 ， 那 是 他 的 。

nǎ ge shū bāo shì nǐ de
哪 个 书 包 是 你 的 ？

zhè ge shū bāo shì wǒ de
这 个 书 包 是 我 的 。

5) 老师 lǎoshī: 선생님

6) 的 de: ～의, ～의 것
☞ 我的本子 wǒ de běnzi
　-나의 공책
☞ 这是我的。 zhè shì wǒ de
　-이것은 저의 것입니다.

7) 也 yě: ～도

8) 한국어에서 사람이나 사물을 셀 때 각기 다른 단위를 사용하는 것처럼 (예: 책 한 권, 토끼 두 마리), 중국어에서도 서로 다른 단위를 사용한다. 이 단위를 문법적인 용어로 '量词' liàngcí (양사) 라고 한다. 양사 중에서도 가장 보편적으로 사용되는 것은 '个' gè 인데, 대개 경성으로 발음한다.
☞ 一个人 yí ge rén
　-한 사람
☞ 这个人 zhè ge rén
　-이 사람
☞ 那个人 nà ge rén
　-저 사람

一本书
yì běn shū
책 한 권

一个本子
yí ge běnzi
공책 한 권

一张纸
yì zhāng zhǐ
종이 한 장

一支铅笔
yì zhī qiānbǐ
연필 한 자루

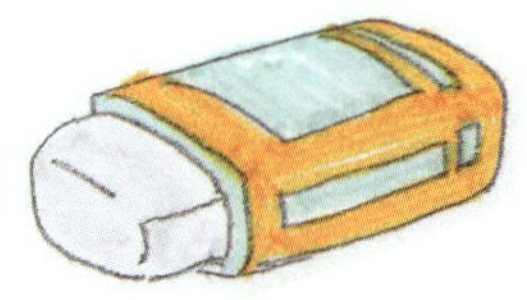

一块橡皮
yí kuài xiàngpí
지우개 한 개

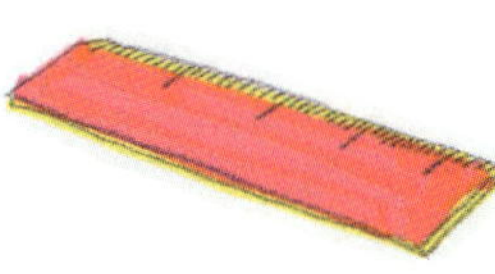

一把尺子
yì bǎ chǐzi
자 한 개

一张桌子
yì zhāng zhuōzi
책상 한 개

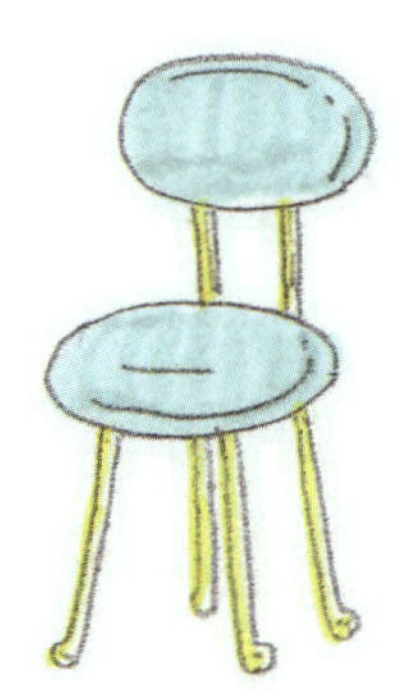

一把椅子
yì bǎ yǐzi
걸상 한 개

1 '这'를 사용하여 '이것'이 무엇인지 묻고 대답해 봅시다.

〈这是什么？〉

这是书。
这是本子。
这是铅笔。
这是铅笔盒。

2 '那'를 사용하여 '저것'이 무엇인지 묻고 대답해 봅시다.

〈那是什么？〉

那是橡皮。
那是尺子。
那是书包。
那是文件夹。

3 '谁'를 사용하여 이것이 '누구'의 책인지 묻고 대답해 봅시다.

〈这是谁的书？〉

这是我的书。

这 是 你 的 书。
这 是 他 的 书。
这 是 老师 的 书。

4 ‘他’를 사용하여 ‘그 사람’이 누구인지 묻고 대답해 봅시다.

〈 他 是 谁 ？ 〉

他 是 老师。
他 是 我 的 老师。
他 是 你 的 老师。
他 是 我 们 的 老师。

5 다음과 같은 질문을 받았을 때 대답할 수 있는 여러 표현을 익혀 봅시다.

〈 哪 个 书 包 是 你 的 ？ 〉

这 个 书 包 是 我 的。
那 个 书 包 是 我 的。
这 个 是 我 的 书 包。
那 个 是 我 的 书 包。

zhè	zhè	zhè	zhè	zhè				
这	这	这	这	这				
nà	nà	nà	nà	nà				
那	那	那	那	那				
nǎ	nǎ	nǎ	nǎ	nǎ				
哪	哪	哪	哪	哪				
shén	shén	shén	shén	shén				
什	什	什	什	什				
me	me	me	me	me				
么	么	么	么	么				
shéi	shéi	shéi	shéi	shéi				
谁	谁	谁	谁	谁				
běn	běn	běn	běn	běn				
本	本	本	本	本				
zǐ	zǐ	zǐ	zǐ	zǐ				
子	子	子	子	子				
shū	shū	shū	shū	shū				
书	书	书	书	书				
shì	shì	shì	shì	shì				
是	是	是	是	是				

3 你去哪儿？

- 장소를 가리키는 낱말들을 익혀 봅시다.
- 우리가 학교에서 이용하는 여러 장소들의 이름을 알아봅시다.
- 사람이나 사물이 있는 장소를 나타내는 방법을 익혀 봅시다.

장소를 가리키는 낱말

这儿 zhèr / 这里 zhèli　여기

那儿 nàr / 那里 nàli　저기

哪儿 nǎr / 哪里 nǎli　어디

上　shàng　위

下　xià　아래

里　lǐ　안

外　wài　밖

학교 한 바퀴

学校　xuéxiào　학교

教室　jiàoshì　교실

图书馆　túshūguǎn　도서관

操场　cāochǎng　운동장

食堂　shítáng　식당

洗手间　xǐshǒujiān　화장실

医务室　yīwùshì　양호실

礼堂　lǐtáng　강당

nǐ qù nǎr
你 去 哪儿？

wǒ qù tú shū guǎn
我 去 图书馆。

nǐ qù shí táng ma
你 去 食堂 吗？

wǒ qù shí táng
我 去 食堂。

nǐ qù xǐ shǒu jiān ma
你 去 洗手间 吗？

bù wǒ qù yī wù shì
不，我 去 医务室。

lì li zài nǎr
丽丽 在 哪儿？

tā zài nàr
她 在 那儿。

낱 | 말 | 풀 | 이

①
1) 去 qù : 가다
※'오다'는 '来' lái 이다.

③
2) 洗手间 xǐshǒujiān : 화장
실을 '卫生间' wèishēngjiān
이라고도 한다.
3) 不 bù : 여기에서 '不'는
단독으로 쓰여 '아니오'를 뜻
한다.

④
4) 丽丽 lìli : 사람 이름
5) 在 zài : ～에 있다
☞ 老师在图书馆。
lǎoshī zài túshūguǎn
－선생님은 도서관에 계십
니다.

5

dōng dong zài   nǎr
东 东 在 哪儿？

dōng dong zài cāo chǎng shang
东 东 在 操 场 上。

6

nǐ de shū bāo zài   nǎr
你 的 书 包 在 哪儿？

zài zhuō zi xià mian
在 桌 子 下 面。

7

nǐ de yǎn jìng ne
你 的 眼 镜 呢？

zài shū bāo li
在 书 包 里。

8

nǎ li yǒu yǐ zi
哪 里 有 椅 子？

nà ge jiào shì li yǒu
那 个 教 室 里 有。

5

6) **东东** dōngdong: 사람 이름

6

7) **桌子** zhuōzi: 책상
8) **面** miàn: ～쪽, ～측
• **上、下、里、外** 등의 뒤에 붙어 방위를 나타내는데, 이 때 보통 경성으로 발음한다. '**面**'외에 '**边**' biān을 사용하기도 한다.
☞ **上面, 上边** – 위쪽
  下面, 下边 – 아래쪽
  里面, 里边 – 안쪽
  外面, 外边 – 바깥쪽

7

9) **眼镜** yǎnjìng: 안경
10) **呢** ne: 여기서는 의문의 어기를 나타내는 낱말로, '어디에 있지?' 라는 의미로 사용되었다.

8

11) **有** yǒu: 있다
☞ '**有**'의 부정은 '**没有**' méiyǒu이다. '**不有**'라고 하지 않도록 주의한다.
12) **椅子** yǐzi: 의자

小 鸟 在 树 上。
xiǎoniǎo zài shùshang
아기 새가 나무 위에 있다.

小 鱼 在 水 里。
xiǎoyú zài shuǐli
아기 물고기가 물 속에 있다.

小 猫 在 门 外。
xiǎomāo zài ménwài
아기 고양이가 문 밖에 있다.

小 狗 在 床 下。
xiǎogǒu zài chuángxià
강아지가 침대 아래에 있다.

草 地 上 有 花。
cǎodishang yǒu huā
풀밭에 꽃이 있다.

窗 外 有 树。
chuāngwài yǒu shù
창 밖에 나무가 있다.

1 '너 어디 가니?'라는 다음 물음에 대답해 봅시다.

〈 你 去 哪 儿 ？ 〉

我 去 学 校。
我 去 食 堂。
我 去 洗 手 间。
我 去 图 书 馆。

2 어디에 가는지 묻고 대답해 봅시다.

你 去 教 室 吗？
对，我 去 教 室。

你 去 食 堂 吗？
对，我 去（　　　）。

你 去 礼 堂 吗？
不，我 不 去 礼 堂。

你 去 医 务 室 吗？
不，我 不 去（　　　）。

3 '在哪儿?'을 사용하여 ' ～ 가 어디 있어요?'라고 질문해 봅시다.

她 在 哪 儿 ?

老 师 在 哪 儿 ?

书 包 在 哪 儿 ?

铅 笔 在 哪 儿 ?

4 '在 ～ 里', '在 ～ 上'을 사용하여 ' ～ 는 ～ 에 있어요.'라는 표현을 익혀 봅시다.

我 在 家 里 。

她 在 教 室 (　) 。

他 在 操 场 上 。

它 在 桌 子 (　) 。

5 '어디에 ～이 있지요?'라는 표현을 익혀 봅시다.

哪 里 有 纸 ?

哪 里 有 尺 子 ?

哪 里 有 食 堂 ?

哪 里 有 洗 手 间 ?

写一写

shàng 上	shàng 上	shàng 上	shàng 上	shàng 上					
xià 下	xià 下	xià 下	xià 下	xià 下					
lǐ 里	lǐ 里	lǐ 里	lǐ 里	lǐ 里					
wài 外	wài 外	wài 外	wài 外	wài 外					
tā 她	tā 她	tā 她	tā 她	tā 她					
de 的	de 的	de 的	de 的	de 的					
qù 去	qù 去	qù 去	qù 去	qù 去					
zài 在	zài 在	zài 在	zài 在	zài 在					
yǒu 有	yǒu 有	yǒu 有	yǒu 有	yǒu 有					
ma 吗	ma 吗	ma 吗	ma 吗	ma 吗					

4 你叫什么名字？

- 자신을 소개하는 표현들을 익혀 봅시다.
- 자신이 다니는 학교와 자신의 학년, 반을 말해 봅시다.
- 나이를 묻고 대답하는 방법을 익혀 봅시다.
- 십 단위의 수를 세는 방법을 익혀 봅시다.

자신을 소개할 때 필요한 낱말

名字　míngzi　이름　　　　年级　niánjí　학년

岁　suì　나이, 세　　　　　班　bān　반

韩国人　hánguórén　한국인

학 교

小学　xiǎoxué　초등학교　　高中　gāozhōng　고등학교

初中　chūzhōng　중학교　　　大学　dàxué　대학교

북경에서 한국인이 많이 살고 있는 지역

望京　wàngjīng　왕징

五道口　wǔdàokǒu　우다오커우

亚运村　yàyùncūn　야윈춘

1

nǐ jiào shén me míng zi
你 叫 什 么 名 字？

wǒ jiào jīn měi zhēn
我 叫 金 美 珍。

2

nín guì xìng
您 贵 姓？

wǒ xìng piáo
我 姓 朴。

3

nǐ shì nǎ guó rén
你 是 哪 国 人？

wǒ shì hán guó rén
我 是 韩 国 人。

4

nǐ duō dà le
你 多 大 了？

wǒ shí sì suì le
我 十 四 岁 了。

낱｜말｜풀｜이

1

1) 叫 jiào: ～라고 부르다
2) 金美珍 jīnměizhēn: 김미진-사람 이름

2

3) 贵 guì: 존경의 뜻을 나타내는 낱말
4) 姓 xìng: 성(씨), 성이 ～이다
5) 朴 piáo: 박(씨)

3

6) 国 guó: 나라
7) 人 rén: 사람

4

8) 多大 duōdà: (나이가) 얼마, 어느 정도

• 나이 묻기: 상대방의 나이를 물어보는 표현은 여러 가지가 있는데, 연령이 비슷한 사람이나 아랫 사람에게는 보통 '你多大了？' nǐ duōdà le라고 묻고, 10살이 안 된 어린아이에게는 '你几岁？' nǐ jǐ suì라고 물으면 된다. '几'는 '몇', '얼마'라는 뜻이다. 자신보다 나이가 많은 사람에게는 '您多大年纪？' nín duōdà niánjì 등의 표현을 사용한다.

5
nǐ zhù zài nǎ li
你 住 在 哪 里？

wǒ zhù zài wàng jīng
我 住 在 望 京。

6
nǐ zài nǎr shàng xué
你 在 哪 儿 上 学？

wǒ zài hán guó guó jì xué xiào shàng xué
我 在 韩 国 国 际 学 校 上 学。

7
nǐ shàng jǐ nián jí
你 上 几 年 级？

wǒ shàng chū zhōng yī nián jí
我 上 初 中 一 年 级。

8
nǐ zài nǎ ge bān
你 在 哪 个 班？

wǒ zài yī nián jí èr bān
我 在 一 年 级 二 班。

5

9) 住 zhù: 살다
10) 在 zài: ～에서
☞ 他在图书馆看书。tā zài túshūguǎn kàn shū
　-그는 도서관에서 책을 봅니다.

6

11) 上学 shàngxué: 등교하다, 학교 다니다
12) 国际 guójì: 국제

7

13) 几 jǐ: 몇, 얼마

※ '초등학생' '중학생'이라고 할 때에는 학교 이름 뒤에 '生' shēng을 붙이면 된다.
☞ 小学生 xiǎoxuéshēng
　-초등학생
☞ 初中生 chūzhōngshēng
　-중학생

※중국에서는 '初中'과 '高中'을 합쳐서 '中学' zhōngxué라고 부른다.

50 17 85

62 24

46 38

99 73

读一读，写一写

例： 51 五十一

① 38 __________　　⑤ 99 __________

② 17 __________　　⑥ 50 __________

③ 85 __________　　⑦ 24 __________

④ 62 __________　　⑧ 46 __________

　　　　　　　　　　⑨ 73 __________

1 성명을 물을 때는 상대방의 나이나 상황에 따라 다양한 방법으로 물어 볼 수
있습니다. 성명을 묻는 여러 표현들과 그 차이점을 살펴봅시다.

您贵姓？

你姓什么？

你叫什么名字？

你的名字是什么？

2 상대방의 연령에 따라 나이를 묻는 방법도 달라져야 합니다. 나이를 묻는
여러가지 표현들과 그 차이점을 살펴봅시다.

你几岁？

你多大了？

您多大了？

您多大年纪？

3 자신과 부모님의 나이를 말해 봅시다.

我十五岁。

我（　　　）岁。

我爸爸四十二岁了。

我妈妈三十七岁了。

4 무슨 학교 몇 학년에 다니는지 묻고 대답해 봅시다.

〈你上几年级？〉

我上小学六年级。
我上初中二年级。
我上高中三年级。
我上大学一年级。
我上（　　　）（　）年级。

5 어디에 사는지 서로 묻고 대답해 봅시다.

〈你住在哪里？〉

我住在望京。
我住在五道口。
我住在亚运村。
我住在北京。
我住在（　　　）。

míng	míng	míng	míng	míng			
名	名	名	名	名			
zì	zì	zì	zì	zì			
字	字	字	字	字			
jiào	jiào	jiào	jiào	jiào			
叫	叫	叫	叫	叫			
jǐ	jǐ	jǐ	jǐ	jǐ			
几	几	几	几	几			
suì	suì	suì	suì	suì			
岁	岁	岁	岁	岁			
zhōng	zhōng	zhōng	zhōng	zhōng			
中	中	中	中	中			
xué	xué	xué	xué	xué			
学	学	学	学	学			
xiào	xiào	xiào	xiào	xiào			
校	校	校	校	校			
dà	dà	dà	dà	dà			
大	大	大	大	大			
xiǎo	xiǎo	xiǎo	xiǎo	xiǎo			
小	小	小	小	小			

5 我家有四口人

- 가족 호칭을 익혀 봅시다.
- 가족에 대해 묻고 대답하는 표현들을 익혀 봅시다.
- 친구들에게 우리 가족을 소개해 봅시다.

가족 호칭

爸爸	bàba	아버지	儿子	érzi	아들
妈妈	māma	어머니	女儿	nǚ'ér	딸
哥哥	gēge	오빠, 형	妻子	qīzi	아내
妹妹	mèimei	여동생	丈夫	zhàngfu	남편
弟弟	dìdi	남동생			
爷爷	yéye	할아버지			
奶奶	nǎinai	할머니			
姥爷	lǎoye	외할아버지			
姥姥	lǎolao	외할머니			

nǐ jiā yǒu jǐ kǒu rén
你 家 有 几 口 人？

wǒ jiā yǒu sì kǒu rén
我 家 有 四 口 人。

nǐ jiā dōu yǒu shéi
你 家 都 有 谁？

yǒu bà ba mā ma gē ge hé wǒ
有 爸 爸、妈 妈、哥 哥 和 我。

nǐ jiā yǒu jǐ ge hái zi
你 家 有 几 个 孩 子？

wǒ jiā yǒu sān ge hái zi
我 家 有 三 个 孩 子。

nǐ yǒu mèi mei ma
你 有 妹 妹 吗？

wǒ yǒu liǎng ge mèi mei
我 有 两 个 妹 妹。

낱 | 말 | 풀 | 이

1

1) 家 jiā: 집, 가정
2) 口 kǒu: 입, 식구
• 사람의 수를 나타낼 때, 대개는 양사 '个' gè(명) 나 '位' wèi(분)를 사용하지만, 식구수를 나타낼 때는 '口'를 사용한다.

2

3) 都 dōu: 모두
☞我们都是学生。
wǒmen dōu shì xuésheng
–우리는 모두 학생입니다.
4) 和 hé: ～와

3

5) 孩子 háizi: 아이, 아동, 자녀, 자식

4

6) 两 liǎng: 둘
• 양사 앞에서는 '二' èr을 사용하지 않고 '两'을 사용한다.
☞两本书 liǎng běn shū
–책 두 권

⑤

nǐ yǒu gē ge huò zhě dì di ma
你 有 哥 哥 或 者 弟 弟 吗 ？

wǒ zhǐ yǒu yí ge dì di
我 只 有 一 个 弟 弟 。

⑥

nǐ yǒu xiōng dì jiě mèi ma
你 有 兄 弟 姐 妹 吗 ？

méi yǒu wǒ shì dú shēng zǐ
没 有 ， 我 是 独 生 子 。

⑦

nǐ men shì jiě mèi ma
你 们 是 姐 妹 吗 ？

bú shì wǒ men shì péng you
不 是 ， 我 们 是 朋 友 。

⑧

nǐ de yé ye nǎi nai yě zài zhōng
你 的 爷 爷 奶 奶 也 在 中

guó ma
国 吗 ？

bù tā men zài hán guó
不 ， 他 们 在 韩 国 。

---

⑤

7) **或者** huòzhě: 혹은, 또는
8) **只** zhǐ: 다만, 오직

⑥

9) **兄弟姐妹** xiōngdìjiěmèi:
형제자매
10) **独生子** dúshēngzǐ:
외동아들
☞ **独生女** dúshēngnǚ
　-외동딸
-独는 '혼자' '홀로' 라는 뜻
　이다.

⑦

11) **们** men: ～들
-복수를 나타내는 낱말
☞ **人们** rénmen
　-사람들
12) **朋友** péngyou: 친구

⑧

13) **中国** zhōngguó: 중국
14) **他们** tāmen: 남녀를 같
이 지칭할 때에는 '**他们**'을
사용한다.

bà ba de bà ba jiào yé ye
爸 爸 的 爸 爸 叫 爷 爷。   아빠의 아빠는 할아버지입니다.

bà ba de mā ma jiào nǎi nai
爸 爸 的 妈 妈 叫 奶 奶。   아빠의 엄마는 할머니입니다.

bà ba de gē ge jiào bó bo
爸 爸 的 哥 哥 叫 伯 伯。   아빠의 형은 큰아버지입니다.

bà ba de dì di jiào shū shu
爸 爸 的 弟 弟 叫 叔 叔。   아빠의 남동생은 작은아버지입니다.

bà ba de jiě mèi jiào gū gu
爸 爸 的 姐 妹 叫 姑 姑。   아빠의 여형제는 고모입니다.

mā ma de bà ba jiào lǎo ye
妈 妈 的 爸 爸 叫 姥 爷。   엄마의 아빠는 외할아버지입니다.

mā ma de mā ma jiào lǎo lao
妈 妈 的 妈 妈 叫 姥 姥。   엄마의 엄마는 외할머니입니다.

mā ma de xiōng dì jiào jiù jiu
妈 妈 的 兄 弟 叫 舅 舅。   엄마의 남형제는 외삼촌입니다.

mā ma de jiě mèi jiào yí mā
妈 妈 的 姐 妹 叫 姨 妈。   엄마의 여형제는 이모입니다.

1 가족이 몇 명인지 묻고 대답해 봅시다.

〈你家有几口人？〉

我家有三口人。
我家有四口人。
我家有五口人。
我家有两口人。

2 가족 구성원이 어떻게 되어 있는지 묻고 대답해 봅시다.

我家有爸爸、妈妈和我。
我家有爸爸、妈妈、哥哥和我。
我家有爷爷、奶奶、父母和我。
我家只有妈妈和我。

3 다음 물음에 각자 대답해 봅시다.

〈你有没有姐姐？〉

我有一个姐姐。
我有两个姐姐。
我没有姐姐。
没有，我只有一个妹妹。

4 형제 자매가 몇 명이나 있는지 묻고 대답해 봅시다.

〈你有几个兄弟姐妹？〉

我有两个弟弟。
我有两个姐姐。
我有一个哥哥、一个妹妹。
我没有兄弟姐妹。

5 보기와 같이 문장의 순서를 바꾸어 말해 봅시다.

爸爸的爸爸是爷爷。
⇒ 爷爷是爸爸的爸爸。

妈妈的爸爸是姥爷。
⇒ 姥爷是妈妈的爸爸。

爸爸的妈妈是奶奶。
⇒ 奶奶是（　　　　　　　　）。

妈妈的妈妈是姥姥。
⇒ 姥姥是（　　　　　　　　）。

bà	ba	ba	ba	ba				
爸	爸	爸	爸	爸				
mā	mā	mā	mā	mā				
妈	妈	妈	妈	妈				
gē	gē	gē	gē	gē				
哥	哥	哥	哥	哥				
jiě	jiě	jiě	jiě	jiě				
姐	姐	姐	姐	姐				
dì	dì	dì	dì	dì				
弟	弟	弟	弟	弟				
mèi	mèi	mèi	mèi	mèi				
妹	妹	妹	妹	妹				
yé	yé	yé	yé	yé				
爷	爷	爷	爷	爷				
nǎi	nǎi	nǎi	nǎi	nǎi				
奶	奶	奶	奶	奶				
ér	ér	ér	ér	ér				
儿	儿	儿	儿	儿				
yě	yě	yě	yě	yě				
也	也	也	也	也				

6 上课

• 수업 시간에 많이 쓰이는 낱말들을 익혀 봅시다.
• 선생님의 말씀에 따라 행동으로 나타내 봅시다.
• 수업 중 질문하고 대답하는 방법을 익혀 봅시다.

수업 시간에 많이 쓰이는 낱말

老师	lǎoshī	선생님		看	kàn	보다
学生	xuésheng	학생		听	tīng	듣다
同学	tóngxué	학우		说	shuō	말하다
上课	shàngkè	수업하다		读	dú	읽다
下课	xiàkè	수업이 끝나다		写	xiě	쓰다
				对	duì	맞다
				错	cuò	틀리다
				懂	dǒng	알다, 이해하다
				提问	tíwèn	질문하다
				回答	huídá	대답하다

xiàn zài shàng kè　qǐng zuò hǎo
现 在 上 课。请 坐 好。

qǐng dǎ kāi shū　kàn dì yī yè
请 打 开 书，看 第 一 页。

shéi lái bèi kè wén
谁 来 背 课 文？

wǒ lái bèi
我 来 背。

lǎo shī　zhè ge cí zěn me dú
老 师，这 个 词 怎 么 读？

zhè ge cí dú zuò
这 个 词 读 作 hànyǔ。

shì shén me yì si
是 什 么 意 思？

hàn yǔ jiù shì zhōng guó yǔ
汉 语 就 是 中 国 语。

낱 | 말 | 풀 | 이

1

1) 现在 xiànzài: 지금
2) 请 qǐng: ～하십시오
-상대방에게 어떤 일을 부탁
　하거나 권할 때 쓰는 경어
3) 坐 zuò: 앉다
4) 好 hǎo: 동사 뒤에 쓰여
완성되었거나 잘 마무리 되었
음을 나타낸다.
5) 打开 dǎkāi: 펼치다
6) 第 dì: 제
-숫자 앞에 쓰여 몇 째인지를
　나타낸다.
7) 页 yè: 쪽, 페이지

2

8) 来 lái: 동사의 앞에 놓여
어떤 일을 하려고 하는 적극성
을 나타낸다. 없어도 무방하나
구어에서 자주 사용한다.
9) 背 bèi: 외우다, 암기하다
10) 课文 kèwén: 교과서 중
의 본문

3

11) 词 cí: 단어
12) 怎么 zěnme: 어떻게
13) 作 zuò: ～로 하다

4

14) 意思 yìsi: 뜻, 의미
15) 汉语 hànyǔ: 한어
16) 就 jiù: 바로, 곧

5

dǒng le ma

懂 了 吗 ？

dǒng le

懂 了 。

6

dà jiā gēn wǒ shuō qǐng zhù yì tīng

大 家 跟 我 说 ， 请 注 意 听 。

lǎo shī qǐng zài shuō yí biàn

老 师 ， 请 再 说 一 遍 。

7

jīn tiān de zuò yè shì shén me

今 天 的 作 业 是 什 么 ？

shì xiě liǎng biàn shēng zì

是 写 两 遍 生 字 。

8

yǒu wèn tí ma qǐng jǔ shǒu

有 问 题 吗 ？ 请 举 手 。

wǒ yǒu yí ge wèn tí

我 有 一 个 问 题 。

---

17) **中国语** zhōngguóyǔ:
중국어

5

18) **了** le: 동작의 완성이나
상황의 변화를 나타내는 낱말
☞ **我写了**。wǒ xiě le
　　–저는 썼습니다.

19) **懂了** dǒng le: '알았습
니다', '이해했습니다' 의 뜻
으로, '**明白了**' míngbai le라
고 하기도 한다.

6

20) **跟** gēn: ～를 따라서
21) **注意** zhùyì: 주의하다
22) **遍** biàn: 번, 회
–동작의 횟수를 나타낸다.

7

23) **今天** jīntiān: 오늘
24) **作业** zuòyè: 숙제
25) **生字** shēngzì: 새로 나온
글자

8

26) **问题** wèntí: 문제, 질문
27) **举** jǔ: 들다
28) **手** shǒu: 손

请 站 起 来。
qǐng zhàn qǐlái
일어나세요.

请 坐 下。
qǐng zuòxià
앉으세요.

你 好

请 跟 我 读。
qǐng gēn wǒ dú
나를 따라 읽으세요.

你 好

请 看 黑 板。
qǐng kàn hēibǎn
칠판을 보세요.

1 수업시간 중에 꼭 필요한 다음 질문들을 익혀 봅시다.

这 个 字 怎 么 读 ?

这 个 字 怎 么 念 ?

这 个 字 怎 么 写 ?

这 个 词 怎 么 读 ?

2 '请 跟 我 ~'를 써서 '나를 따라 ~해 보세요.'라고 말해 봅시다.

请 跟 我 说。

请 跟 我 写。

请 跟 我 读。

请 跟 我 来。

3 이해했는지를 묻는 표현에는 여러 가지가 있습니다. 다음의 표현들을 익혀 봅시다.

懂 了 吗 ?

懂 了。/ 不 懂。

知 道 了 吗 ?

知 道 了。/ 不 知 道。

明 白 了 吗 ?

明 白 了。/ 不 明 白。

4 ‘～不～’의 형식을 사용하여 묻고 대답해 봅시다.

对 不 对 ?
对。/ 不 对。

是 不 是 ?
是。/ 不 是。

好 不 好 ?
好。/ 不 好。

懂 不 懂 ?
懂。/ 不 懂。

5 ‘～一～’를 써서 ‘～해 보세요’라고 말해 봅시다.

读 一 读。
写 一 写。
说 一 说。
听 一 听。

lǎo	lǎo	lǎo	lǎo	lǎo				
老	老	老	老	老				
shī	shī	shī	shī	shī				
师	师	师	师	师				
kè	kè	kè	kè	kè				
课	课	课	课	课				
dá	dá	dá	dá	dá				
答	答	答	答	答				
kàn	kàn	kàn	kàn	kàn				
看	看	看	看	看				
tīng	tīng	tīng	tīng	tīng				
听	听	听	听	听				
shuō	shuō	shuō	shuō	shuō				
说	说	说	说	说				
dú	dú	dú	dú	dú				
读	读	读	读	读				
xiě	xiě	xiě	xiě	xiě				
写	写	写	写	写				
wèn	wèn	wèn	wèn	wèn				
问	问	问	问	问				

7 今天是几月几号？

- 연, 월, 일을 나타내는 방법을 익혀 봅시다.
- 요일을 나타내는 낱말들을 익혀 봅시다.
- 날을 나타내는 낱말들을 익혀 봅시다.

날

前天	qiántiān	그저께
昨天	zuótiān	어제
今天	jīntiān	오늘
明天	míngtiān	내일
后天	hòutiān	모레
每天	měitiān	매일

연

前年	qiánnián	재작년
去年	qùnián	작년
今年	jīnnián	올해
明年	míngnián	내년
后年	hòunián	내후년
每年	měinián	매년

요 일

星期一	xīngqīyī	월요일
星期二	xīngqī'èr	화요일
星期三	xīngqīsān	수요일
星期四	xīngqīsì	목요일
星期五	xīngqīwǔ	금요일
星期六	xīngqīliù	토요일
星期日	xīngqīrì	일요일

1

jīn tiān shì jǐ yuè jǐ hào
今 天 是 几 月 几 号？

jīn tiān shì qī yuè bā hào
今 天 是 七 月 八 号。

2

jīn tiān shì xīng qī jǐ
今 天 是 星 期 几？

jīn tiān shì xīng qī sān
今 天 是 星 期 三。

3

míng tiān shì jiǔ hào ma
明 天 是 九 号 吗？

shì jiǔ hào
是 九 号。

4

zuó tiān shì xīng qī yī ma
昨 天 是 星 期 一 吗？

bú shì zuó tiān shì xīng qī èr
不 是，昨 天 是 星 期 二。

낱 | 말 | 풀 | 이

1

1) 月 yuè: 달, 월

☞ 一月(1월)
　二月(2월)
　三月(3월)
　十月(10월)
　十二月(12월)

2) 号 hào: 일

-날짜를 서면으로 쓸 때에는 '日' rì 라고 쓰고, 말할 때에 는 '号' 라고 한다.

☞ 一号/一日(1일)
　二号/二日(2일)
　十五号/十五日(15일)
　三十号/三十日(30일)

2

3) 星期 xīngqī: 요일, 주

• 星期几 xīngqījǐ
-무슨 요일

※요일을 나타낼 때 '星期' 대신 '礼拜' lǐbài를 사용하 기도 한다.

☞ 礼拜三 lǐbàisān
　-수요일

5

nǐ nǎ tiān qù
你 哪 天 去？

wǒ hòu tiān qù
我 后 天 去。

6

nǐ shén me shí hou huí lái
你 什 么 时 候 回 来？

wǒ xià xīng qī rì huí lái
我 下 星 期 日 回 来。

7

nǐ shì nǎ nián chū shēng de
你 是 哪 年 出 生 的？

wǒ shì yī jiǔ jiǔ liù nián chū shēng
我 是 一 九 九 六 年 出 生
de
的。

8

nǐ de shēng rì shì jǐ yuè jǐ hào
你 的 生 日 是 几 月 几 号？

wǒ de shēng rì shì wǔ yuè sì hào
我 的 生 日 是 五 月 四 号。

5

4) 天 tiān: 날, 일
☞ 两天 liǎngtiān
　-이틀
☞ 哪天 nǎtiān
　-어느 날

6

5) 时候 shíhou: 때, 시각
• 什么时候
　shénme shíhou: 언제
6) 回来 huílái: 돌아오다
☞ 回去 huíqù
　-돌아가다
7) 下星期 xiàxīngqī: 다음 주
☞ 这星期 zhèxīngqī
　-이번 주
　上星期 shàngxīngqī
　-지난 주
8) 星期日 xīngqīrì: 일요일을
'星期天' xīngqītiān이라고
도 한다.

7

9) 年 nián: 년, 해
☞ 哪年 nǎnián: 어느 해
10) 出生 chūshēng: 태어나
다
※연도를 나타낼 때에는 숫자
를 하나씩 읽어 주면 된다.

8

11) 生日 shēngrì: 생일

jīn tiān shì sì yuè shíwǔ rì xīng qī èr
今 天 是 4 月 15 日 星 期 二。　　오늘은 4월 15일 화요일입니다.

zuó tiān shì jǐ yuè jǐ rì
昨 天 是 几 月 几 日？　　어제는 몇 월 며칠입니까？

hòu tiān shì xīng qī jǐ
后 天 是 星 期 几？　　모레는 무슨 요일입니까？

shàng xīng qī yī shì jǐ yuè jǐ rì
上 星 期 一 是 几 月 几 日？　　지난 주 월요일은 몇 월 며칠입니까？

zhè ge yuè yí gòng yǒu duō shao tiān
这 个 月 一 共 有 多 少 天？　　이번 달은 모두 며칠이 있습니까？

1 오늘이 몇 월 며칠인지 묻고 대답해 봅시다.

〈今 天 是 几 月 几 号 ？〉

今 天 是 二 月 八 号。
今 天 是 二 月 十 八 号。
今 天 是 十 二 月 十 八 号。
今 天 是 十 二 月 二 十 八 号。

2 오늘이 무슨 요일인지 말해 봅시다.

今 天 是 星 期 一。
今 天 是 星 期 四。
今 天 是 星 期 天。
今 天 是 星 期 日。

3 아래 보기에 근거하여 날짜의 앞뒤 관계를 익혀 봅시다.

〈今 天 是 二 月 六 号。〉

前 天 是 二 月 四 号。
昨 天 是 二 月 五 号。
明 天 是 二 月 （　　）号。
后 天 是 二 月 （　　）号。

4 생일이 몇월 며칠인지 묻고 대답해 봅시다.

〈 你 的 生 日 是 几 月 几 号 ？ 〉

我 的 生 日 是 二 月 一 号 。
我 的 生 日 是 八 月 九 号 。
我 的 生 日 是 六 月 二 十 六 号 。
我 的 生 日 是 （　　）月 （　　）号 。

5 다음 물음에 대답해 봅시다.

一 个 星 期 有 几 天 ？
一 个 星 期 有 （　　）天 。

八 月 有 多 少 天 ？
八 月 有 （　　）天 。

jīn	jīn	jīn	jīn	jīn				
今	今	今	今	今				
tiān	tiān	tiān	tiān	tiān				
天	天	天	天	天				
nián	nián	nián	nián	nián				
年	年	年	年	年				
yuè	yuè	yuè	yuè	yuè				
月	月	月	月	月				
rì	rì	rì	rì	rì				
日	日	日	日	日				
měi	měi	měi	měi	měi				
每	每	每	每	每				
xīng	xīng	xīng	xīng	xīng				
星	星	星	星	星				
qī	qī	qī	qī	qī				
期	期	期	期	期				
zuó	zuó	zuó	zuó	zuó				
昨	昨	昨	昨	昨				
míng	míng	míng	míng	míng				
明	明	明	明	明				

8 你在做什么？

- 우리의 일상 생활과 관련된 낱말들을 익혀 봅시다.
- 동작의 진행과 완성을 나타내는 말을 익혀 봅시다.
- '不'와 '没'의 차이점을 알고 정확하게 활용해 봅시다.

일상 생활과 관련된 낱말

起床	qǐchuáng	일어나다	看电视	kàn diànshì	TV보다
睡觉	shuìjiào	잠자다	做作业	zuò zuòyè	숙제하다
吃饭	chīfàn	식사하다	休息	xiūxi	휴식하다
刷牙	shuāyá	양치하다	玩	wán	놀다
洗脸	xǐliǎn	세수하다			
洗澡	xǐzǎo	목욕하다			
上学	shàngxué	등교하다			
放学	fàngxué	하교하다			
学习	xuéxí	공부하다			

nǐ zài zuò shén me
你 在 做 什 么 ？

wǒ zài shuā yá
我 在 刷 牙 。

gē ge zhèng zài gàn shén me
哥 哥 正 在 干 什 么 ？

gē ge zhèng zài kàn diàn shì
哥 哥 正 在 看 电 视 。

lì li lái xué xiào le ma
丽 丽 来 学 校 了 吗 ？

lái le
来 了 。

nǐ qù tú shū guǎn le ma
你 去 图 书 馆 了 吗 ？

méi qù
没 去 。

낱｜말｜풀｜이

1

1) **在** zài: 여기서는 '～을 하고 있다' 의 뜻이다.
2) **做** zuò: 하다

2

3) **正在** zhèngzài: 한창 ～을 하고 있는 중이다
• 동사 앞에 '**在**', '**正**', '**正在**'를 사용하여 동작의 진행이나 지속을 나타낸다.
4) **干** gàn: 하다

3

5) **了** le: 동작의 완성이나 상황의 변화를 나타내는 낱말이다. '동사＋**了**'의 부정은 '**没(有)**＋동사' 이다.
☞ **他走了**。tā zǒu le
　-그는 갔다.
☞ **他没走**。tā méi zǒu
　-그는 가지 않았다.
☞ **他不走**。tā bù zǒu
　-그는 가지 않을 것이다.

5

bà ba huí lái le méi yǒu

爸 爸 回 来 了 没 有 ？

bà ba hái méi huí lái

爸 爸 还 没 回 来 。

6

nǐ xǐ wán zǎo le ma

你 洗 完 澡 了 吗 ？

wǒ xǐ wán le

我 洗 完 了 。

7

nǐ zuò wán zuò yè le ma

你 做 完 作 业 了 吗 ？

wǒ hái méi zuò wán

我 还 没 做 完 。

8

dì di hái zài shuì jiào ma

弟 弟 还 在 睡 觉 吗 ？

tā yǐ jing qǐ lái le

他 已 经 起 来 了 。

5

6) 没有 méiyǒu: 본래 '없다'의 뜻이지만 문장 끝에 붙어 과거에 대한 의문문을 만들기도 한다.

☞ 他走了没有？

  tā zǒu le méiyǒu

  -그는 갔습니까? 가지 않았습니까?

7) 还 hái: 아직, 여전히

6

8) 完 wán: 다하다, 완성하다

-동작이나 행위가 완료되었음을 나타낸다.

☞ 我读完了。 wǒ dú wán le

  -저는 다 읽었습니다.

8

9) 已经 yǐjing: 이미, 벌써

10) 起来 qǐlái: 일어나다

唱歌
chànggē
노래를 부르다

跳舞
tiàowǔ
춤을 추다

照相
zhàoxiàng
사진을 찍다

照镜子
zhào jìngzi
거울을 보다

看书
kàn shū
책을 보다

跑步
pǎobù
조깅하다

搬东西
bān dōngxi
물건을 옮기다

擦地
cā dì
바닥을 닦다

练 一 练

1 '在'를 사용하여 무엇을 하고 있는지 묻고 대답해 봅시다.

〈你在做什么？〉

我在学习。
我在吃饭。
我在洗手。
我在做作业。

2 '正在'를 써서 '～하고 있는 중이다'라고 말해 봅시다.

她正在做饭。
她正在睡觉。
他正在看电视。
他正在上课。

3 '～完～了吗?'의 표현을 써서 하던 일을 다 마쳤는지 질문해 봅시다.

你洗完澡了吗？
你吃完饭了吗？
你上完课了吗？
你做完作业了吗？

4 '～完～了。'의 표현을 사용하여 하던 일을 다 마쳤음을 설명해 봅시다.

我 洗 完 澡 了。
我 吃 完 饭 了。
我 做 完 作 业 了。
我 上 完 课 了。

5 '还没 ～ 完。'를 사용하여 아직 마치지 못했음을 설명해 봅시다.

我 还 没 洗 完。
我 还 没 吃 完。
我 还 没 说 完。
我 还 没 做 完。

zuò	zuò	zuò	zuò	zuò					
做	做	做	做	做					
gàn	gàn	gàn	gàn	gàn					
干	干	干	干	干					
zhèng	zhèng	zhèng	zhèng	zhèng					
正	正	正	正	正					
hái	hái	hái	hái	hái					
还	还	还	还	还					
méi	méi	méi	méi	méi					
没	没	没	没	没					
wán	wán	wán	wán	wán					
完	完	完	完	完					
lái	lái	lái	lái	lái					
来	来	来	来	来					
le	le	le	le	le					
了	了	了	了	了					
zuò	zuò	zuò	zuò	zuò					
作	作	作	作	作					
wán	wán	wán	wán	wán					
玩	玩	玩	玩	玩					

9 现在几点？

- 시간을 나타내는 낱말들을 익혀 봅시다.
- 시간을 표현하는 여러 가지 방법들을 익혀 봅시다.
- 자신의 하루 일과를 시간별로 말하여 봅시다.

시간을 나타내는 낱말

点　diǎn　시

分　fēn　분

秒　miǎo　초

半　bàn　반, 30분

刻　kè　15분

差　chà　모자라다

小时　xiǎoshí　시간

早上　zǎoshang　아침

上午　shàngwǔ　오전

中午　zhōngwǔ　정오, 한낮

下午　xiàwǔ　오후

晚上　wǎnshang　저녁, 밤

xiàn zài jǐ diǎn
现 在 几 点？

xiàn zài bā diǎn shí fēn
现 在 八 点 十 分。

2

nǐ zhī dao xiàn zài jǐ diǎn ma
你 知 道 现 在 几 点 吗？

xiàn zài liǎng diǎn bàn
现 在 两 点 半。

3

dào shí èr diǎn le ma
到 十 二 点 了 吗？

hái chà wǔ fēn zhōng
还 差 五 分 钟。

4

nǐ zǎo shang jǐ diǎn qǐ chuáng
你 早 上 几 点 起 床？

wǒ zǎo shang liù diǎn qǐ chuáng
我 早 上 六 点 起 床。

낱｜말｜풀｜이

1

- 시간을 나타낼 때 '시'와 '분'은 각각 숫자 뒤에 '**点**' diǎn과 '**分**' fēn을 사용하면 된다.
  - ☞ 5시16분 - **五点十六分**
  - ☞ 9시20분 - **九点二十分**
- 분 단위가 10분 이하일 경우, 보통 숫자 '**零**' líng (영)을 첨가하여 말한다.
  - ☞ 3시2분 - **三点零二分**
  - ☞ 7시6분 - **七点零六分**

2

1) **知道** zhīdao : 알다
2) **两点** liǎngdiǎn : 2시
  - 2시를 '**二点**'이라고 하지 않는 것에 주의한다.
3) **半** bàn : 30분을 '**三十分**'이라고도 하고, '**半**'이라고도 한다.

3

4) **到** dào : 이르다, 도착하다
5) **钟** zhōng : 시간
  - ☞ **八点钟** - 8시
  - ☞ **十分钟** - 10분

5

nǐ zǎo shang jǐ diǎn qù shàng xué

你 早 上 几 点 去 上 学？

wǒ qī diǎn yí kè qù shàng xué

我 七 点 一 刻 去 上 学。

6

nǐ xià wǔ shén me shí hou huí jiā

你 下 午 什 么 时 候 回 家？

wǒ xià wǔ sì diǎn zuǒ yòu huí jiā

我 下 午 四 点 左 右 回 家。

7

nǐ wǎn shang shén me shí hou xué hàn yǔ

你 晚 上 什 么 时 候 学 汉 语？

wǒ cóng qī diǎn dào bā diǎn xué hàn yǔ

我 从 七 点 到 八 点 学 汉 语。

8

nǐ měi tiān shuì duō shao ge xiǎo shí

你 每 天 睡 多 少 个 小 时？

wǒ měi tiān shuì bā ge xiǎo shí

我 每 天 睡 八 个 小 时。

5

6) 刻 kè: 15분을 '十五分' 또는 '一刻' yíkè라고 하고, 45분을 '四十五分' 또는 '三刻' sānkè라고 한다. 그러나 30분을 '两刻'라고 쓰지는 않는다.

6

7) 左右 zuǒyòu: 쯤, 가량

7

8) 从~到~ cóng~dào~: ~에서 ~까지
-시간이나 장소의 범위를 나타낸다.

8

9) 多少 duōshao: 얼마, 몇
※ '几'는 보통 10 미만의 숫자를 물을 때 사용하고, 10 이상의 수나 예측할 수 없는 수를 물을 때에는 '多少'를 사용한다.

10) 小时 xiǎoshí: 어떠한 동작이 지속되는 시간의 양을 나타낼 때 '小时'를 사용한다.
☞ 我每天学习两个小时。
wǒ měitiān xuéxí liǎng ge xiǎoshí
-나는 매일 2시간 공부해요.
☞ 一个半小时 - 1시간 반

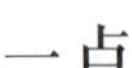
一点

你认识它们吗?

钟
zhōng
시계

手表
shǒubiǎo
손목시계

闹钟
nàozhōng
자명종

1 같은 시간을 다른 표현법으로 나타내 봅시다.

2：15　现在两点一刻。
　　　　现在两点十五分。

3：30　现在三点半。
　　　　现在三点三十分。

5：50　现在五点五十分。
　　　　现在差十分六点。

2 언제 무엇을 하는지 하루의 일과를 질문해 봅시다.

你早上什么时候起床？
你中午什么时候吃饭？
你下午什么时候写作业？
你晚上什么时候睡觉？

3 다음 문장들의 차이를 설명해 봅시다.

我每天四点回家。
我每天下午四点回家。

我每天四点左右回家。
我每天下午四点左右回家。

4 '从~点到~点'을 사용하여 몇 시부터 몇 시까지 무엇을 하는지 말해 봅시다.

我从七点到八点吃饭。
我从八点到九点学习。
我从下午四点到五点看电视。
我从晚上六点到八点写作业。

5 '小时'를 사용하여 걸린 시간을 묻고 대답해 봅시다.

你每天睡几个小时？
我每天睡八个小时。

你每天学习几个小时？
我每天学习两个小时。

你每天看几个小时书？
我每天看（　）个小时书。

xiàn	xiàn	xiàn	xiàn	xiàn				
现	现	现	现	现				
dào	dào	dào	dào	dào				
到	到	到	到	到				
shí	shí	shí	shí	shí				
时	时	时	时	时				
kè	kè	kè	kè	kè				
刻	刻	刻	刻	刻				
diǎn	diǎn	diǎn	diǎn	diǎn				
点	点	点	点	点				
fēn	fēn	fēn	fēn	fēn				
分	分	分	分	分				
bàn	bàn	bàn	bàn	bàn				
半	半	半	半	半				
zǎo	zǎo	zǎo	zǎo	zǎo				
早	早	早	早	早				
wǎn	wǎn	wǎn	wǎn	wǎn				
晚	晚	晚	晚	晚				
wǔ	wǔ	wǔ	wǔ	wǔ				
午	午	午	午	午				

10 一共多少钱？

- 백 단위 이상의 수를 세는 방법을 익혀 봅시다.
- 돈을 세는 단위와 방법을 익혀 봅시다.
- '要'를 사용한 문장을 익혀 봅시다.
- 가능과 허락을 나타내는 방법을 익혀 봅시다.

물건 사기

买　mǎi　사다

卖　mài　팔다

贵　guì　비싸다

便宜　piányi　싸다

钱　qián　돈

东西　dōngxi　물건

숫자 세기

百　bǎi　백

千　qiān　천

万　wàn　만

零　líng　영

중국 화폐의 단위

元　yuán / 块　kuài　위엔

角　jiǎo / 毛　máo　0.1위엔

分　fēn　0.01위엔

1

nǐ yào shén me
你 要 什 么？

wǒ yào yí ge hàn bǎo bāo
我 要 一 个 汉 堡 包。

2

nǐ yào nǎ zhǒng
你 要 哪 种？

wǒ yào jī ròu de
我 要 鸡 肉 的。

3

nǐ hái yào bié de ma
你 还 要 别 的 吗？

zài lái yì bēi kě lè
再 来 一 杯 可 乐。

4

yí gòng duō shao qián
一 共 多 少 钱？

yí gòng shí èr kuài
一 共 十 二 块。

낱 | 말 | 풀 | 이

1

1) **要** yào: 원하다, 필요하다

2) **汉堡包** hànbǎobāo: 햄버거

2

3) **种** zhǒng: 종류

4) **鸡肉** jīròu: 닭고기

3

5) **还** hái: 또, 더

6) **别的** biéde: 다른 (것)

7) **来** lái: 여기에서 '来'는 '주세요', '가져 오세요'의 의미이다.

8) **杯** bēi: 컵에 담긴 것을 세는 양사

9) **可乐** kělè: 콜라

4

10) **一共** yígòng: 전부, 합계, 모두

• 돈 세는 방법

　중국의 화폐를 **人民币** rénmínbì 라고 하며, ￥ 또는 RMB로 표시한다.

　예) ￥ 2.38

　　　（两块三毛八分）

　　　￥ 20.00

　　　（二十块）

　　　￥0.22

　　　（两毛二分）

• 돈을 셀 때, 가장 마지막 단위는 생략하고 읽어도 된다.

　　　￥3.5（三块五）

5

zhè ge qiān bǐ hé zěn me mài
这 个 铅 笔 盒 怎 么 卖 ？

bā kuài wǔ
八 块 五 。

6

tài guì le   néng bu néng pián yi
太 贵 了 ， 能 不 能 便 宜
diǎnr
点 儿 ？

bù néng zài pián yi   le
不 能 再 便 宜 了 。

7

hái yǒu bié de ma
还 有 别 的 吗 ？

yǒu   nǐ yào shén me yàng de
有 ， 你 要 什 么 样 的 ？

8

yǒu mei yǒu zài dà yì diǎn de
有 没 有 再 大 一 点 的 ？

méi yǒu   zhè shì zuì dà de
没 有 ， 这 是 最 大 的 。

6

11) 太～了 tài ～ le : 아주 ～하다

12) 能 néng : ～할 수 있다, ～해도 좋다
-능력이나 가능, 허락을 나타낸다.
☞ 我能读这个字。
　wǒ néng dú zhè ge zì
　-저는 이 글자를 읽을 수 있어요.
☞ 下午我能去你家。
　xiàwǔ wǒ néng qù nǐ jiā
　-오후에 나는 네 집에 갈 수 있어.
☞ 我能进来吗?
　wǒ néng jìnlái ma
　– 들어가도 되나요?

13) 点儿 diǎnr : 약간, 조금

7

14) 什么样 shénmeyàng : 어떠한

8

15) 再 zài : 더, 더욱
16) 最 zuì : 제일, 가장

纸币 zhǐbì

1 元

5 元

10 元

20 元

50 元

100 元

硬币 yìngbì：1 元、5 角、1 角

读一读，写一写

￥1.55	一元五角五分	261	二百六十一
￥13.6		2114	
￥21.8		25780	
￥101		1049	
￥110		5002	
￥4091		80060	

1 무엇을 원하는지 묻고 대답해 봅시다.

〈你要什么？〉

我要一个汉堡包。
我要一杯可乐。
我要一块橡皮。
我要一把尺子。

2 어떠한 종류를 원하는지 묻고 대답해 봅시다.

〈你要哪种？〉

我要鸡肉的。
我要牛肉的。
我要大杯的。
我要小杯的。

3 모두 다 합하여 얼마인지 묻고 대답해 봅시다.

〈一共多少钱？〉

一共十二块。
一共四十四块。

一 共 一 百 二 十 块。
一 共 一 百 零 二 块。

4 다음 물건들의 가격이 얼마인지 묻고 대답해 봅시다.

这 个 铅 笔 盒 怎 么 卖？
八 块 五 一 个。

这 支 铅 笔 怎 么 卖？
八 毛 五 一 支。

这 个 书 包 怎 么 卖？
四 十 块 钱 一 个。

这 块 橡 皮 怎 么 卖？
一 块 钱 一 块。

5 '再~'를 써서 '이보다 더 ~한' 물건이 있는지 알아 봅시다.

有 没 有 再 大 一 点 的？
有 没 有 再 小 一 点 的？
有 没 有 再 好 一 点 的？
有 没 有 再 便 宜 一 点 的？

bǎi	bǎi	bǎi	bǎi	bǎi					
百	百	百	百	百					
qiān	qiān	qiān	qiān	qiān					
千	千	千	千	千					
wàn	wàn	wàn	wàn	wàn					
万	万	万	万	万					
líng	líng	líng	líng	líng					
零	零	零	零	零					
kuài	kuài	kuài	kuài	kuài					
块	块	块	块	块					
máo	máo	máo	máo	máo					
毛	毛	毛	毛	毛					
yào	yào	yào	yào	yào					
要	要	要	要	要					
mǎi	mǎi	mǎi	mǎi	mǎi					
买	买	买	买	买					
mài	mài	mài	mài	mài					
卖	卖	卖	卖	卖					
guì	guì	guì	guì	guì					
贵	贵	贵	贵	贵					

11 我想吃面包

- 우리가 즐겨 먹는 주식과 간식, 음료의 이름을 알아봅시다.
- 식사 도구의 이름을 알아봅시다.
- 상대방에게 공손히 요청하고 거절하는 방법을 익혀 봅시다.

먹거리

米饭	mǐfàn	쌀밥
面条	miàntiáo	국수
面包	miànbāo	빵
比萨饼	bǐsàbǐng	피자
巧克力	qiǎokèlì	초콜릿
饼干	bǐnggān	과자
冰激凌	bīngjilíng	아이스크림
水	shuǐ	물
牛奶	niúnǎi	우유
茶	chá	차
果汁儿	guǒzhīr	주스
可乐	kělè	콜라
酸奶	suānnǎi	요구르트

식사 도구

筷子	kuàizi	젓가락
勺子	sháozi	숟가락
叉子	chāzi	포크
杯子	bēizi	컵
碗	wǎn	그릇
碟子	diézi	접시

1

nǐ xiǎng chī shén me
你 想 吃 什 么？

wǒ xiǎng chī miàn bāo
我 想 吃 面 包。

2

nǐ xiǎng hē diǎnr shén me
你 想 喝 点 儿 什 么？

wǒ xiǎng hē guǒ zhīr
我 想 喝 果 汁 儿。

3

nǐ hē chá hái shi hē niú nǎi
你 喝 茶 还 是 喝 牛 奶？

wǒ hē niú nǎi
我 喝 牛 奶。

4

mā ma wǒ è le
妈 妈，我 饿 了。

hǎo wǒ men chī fàn ba
好，我 们 吃 饭 吧。

낱 | 말 | 풀 | 이

1

1) 想 xiǎng: ～하고 싶다
☞ 我想看电视。
　　wǒ xiǎng kàn diànshì
　　-저는 TV를 보고 싶어요.
2) 吃 chī: 먹다

2

3) 喝 hē: 마시다

3

4) 还是 háishi : 의문문에 사용되면 '또는', '아니면' 의 뜻이다. 상대방에게 선택 사항을 제시할 때 사용한다.

4

5) 饿 è: 배고프다
6) 了 le: 상황의 변화를 나타낸다.
7) 吃饭 chīfàn: 식사하다
8) 吧 ba: ～합시다, ～하십시오
-문장의 끝에서 권유, 명령, 건의 등의 어기를 나타낸다.

nǐ hē shuǐ ma
你 喝 水 吗？

xiè xie wǒ bù kě
谢 谢，我 不 渴。

qǐng zài gěi wǒ yì wǎn mǐ fàn
请 再 给 我 一 碗 米 饭。

hǎo duō chī diǎnr ba
好，多 吃 点 儿 吧。

nǐ zài chī diǎnr ba
你 再 吃 点 儿 吧。

bù chī le wǒ yǐ jing bǎo le
不 吃 了，我 已 经 饱 了。

qǐng bāng wǒ ná yì shuāng kuài zi hǎo
请 帮 我 拿 一 双 筷 子，好
ma
吗？

hǎo qǐng děng yí xià
好，请 等 一 下。

5

9) 渴 kě：목마르다

6

10) 给 gěi：(～에게 ～을)
주다
☞ **请给我一杯水。**
   qǐng gěi wǒ yì bēi shuǐ
   -저에게 물 한 컵 주세요.
11) 多 duō：많다

7

12) 饱 bǎo：배부르다

8

13) 帮 bāng：돕다
14) 拿 ná：(손으로) 잡다,
가지다
15) 双 shuāng：쌍을 이루는
물건을 헤아리는 양사
☞ **一双袜子** yì shuāng wàzi
   -양말 한 켤레
16) 等 děng：기다리다
17) **一下** yíxià：잠시, 잠깐

香蕉

xiāngjiāo

바나나

西瓜

xīguā

수박

葡萄

pútao

포도

菠萝

bōluó

파인애플

橙子

chéngzi

오렌지

梨

lí

배

桃子

táozi

복숭아

西红柿

xīhóngshì

토마토

草莓

cǎoméi

딸기

苹果

píngguǒ

사과

1 무엇을 먹고 싶은지 묻고 대답해 봅시다.

〈你想吃什么？〉

我想吃面包。
我想吃比萨饼。
我想吃米饭。
我想吃冰激凌。

2 무엇을 마시고 싶은지 묻고 대답해 봅시다.

〈你想喝什么？〉

我想喝果汁儿。
我想喝冰水。
我想喝橙汁。
我想喝酸奶。

3 '还是～'를 써서 상대방이 둘 중 하나를 선택할 수 있도록 물어봅시다.

你吃面包还是吃面条？
你吃汉堡包还是吃比萨饼？

你 喝 茶 还 是 喝 可 乐？
你 喝 果 汁 还 是 喝 冰 水？

4 ‘请帮我拿~’의 표현을 써서 필요한 것을 가져다 달라고 부탁해 봅시다.

请 帮 我 拿 一 双 筷 子，好 吗？
请 帮 我 拿 一 把 勺 子，好 吗？
请 帮 我 拿 一 个 杯 子，好 吗？
请 帮 我 拿 一 个 碗，好 吗？

5 상대방에게 음식이나 음료를 더 들도록 권하는 여러 표현을 익혀 봅시다.

你 再 吃 点 儿 吧。
你 再 喝 点 儿 吧。
你 多 吃 点 儿 吧。
你 多 喝 点 儿 吧。

shuǐ	shuǐ	shuǐ	shuǐ	shuǐ				
水	水	水	水	水				
chī	chī	chī	chī	chī				
吃	吃	吃	吃	吃				
hē	hē	hē	hē	hē				
喝	喝	喝	喝	喝				
miàn	miàn	miàn	miàn	miàn				
面	面	面	面	面				
bāo	bāo	bāo	bāo	bāo				
包	包	包	包	包				
è	è	è	è	è				
饿	饿	饿	饿	饿				
bǎo	bǎo	bǎo	bǎo	bǎo				
饱	饱	饱	饱	饱				
gěi	gěi	gěi	gěi	gěi				
给	给	给	给	给				
xiǎng	xiǎng	xiǎng	xiǎng	xiǎng				
想	想	想	想	想				
lè	lè	lè	lè	lè				
乐	乐	乐	乐	乐				

12 喂，你好！

- 전화와 관련된 낱말들을 익혀 봅시다.
- 전화를 걸고 받을 때 필요한 여러 가지 표현들을 익혀 봅시다.
- 전화번호를 묻고 대답하는 방법을 익혀 봅시다.

전화 하기

喂　wèi　여보세요

电话机　diànhuàjī　전화기

手机　shǒujī　휴대폰

电话号码　diànhuà hàomǎ　전화번호

电话卡　diànhuàkǎ　전화카드

公用电话　gōngyòng diànhuà　공중전화

打电话　dǎ diànhuà　전화를 걸다

接电话　jiē diànhuà　전화를 받다

挂电话　guà diànhuà　전화를 끊다

拨号　bōhào　번호를 누르다

占线　zhànxiàn　통화중

1

wèi　　nǐ hǎo
喂，你好！

nǐ hǎo　qǐng wèn　　lì li zài ma
你 好，请 问，丽 丽 在 吗？

2

zài　qǐng děng yí xià
在，请 等 一 下。

xiè xie
谢 谢。

3

wèi　nǐ hǎo　qǐng zhǎo yí xià dōng dong
喂，你 好，请 找 一 下 东 东。

wǒ jiù shì　nǐ shì nǎ wèi
我 就 是，你 是 哪 位？

4

wèi　shì lì li jiā ma
喂，是 丽 丽 家 吗？

duì bu qǐ　nǐ dǎ cuò le
对 不 起，你 打 错 了。

낱|말|풀|이

1

1) 喂 wèi: 원래 4성이지만, 전화를 걸거나 받을 때 어감을 부드럽게 하기 위하여 보통 2성으로 발음한다.
2) 问 wèn: 묻다
• 请问 qǐngwèn
-말씀 좀 묻겠습니다

2

• '잠시만 기다려 주세요' 라는 의미로 본문에 나온 것 외에, '请稍等' qǐng shāo děng, '请等一会儿' qǐng děng yíhuìr이라는 표현을 사용하기도 한다.

3

3) 找 zhǎo: 찾다
4) 哪位 nǎwèi: 어느 분
-'谁' shéi라고 하는 것보다 공손한 표현이다.

4

5) 打错 dǎcuò: (전화를) 잘못 걸다

5

wèi lì li zài jiā ma
喂，丽 丽 在 家 吗？

tā chū qù le yǒu shén me shì ma
她 出 去 了。有 什 么 事 吗？

6

wǒ shì tā de péng you dōng dong qǐng
我 是 她 的 朋 友 东 东，请
ràng tā gěi wǒ huí diàn huà hǎo ma
让 她 给 我 回 电 话，好 吗？

hǎo ba wǒ huì gào su tā de
好 吧，我 会 告 诉 她 的。

7

ràng mā ma jiē diàn huà ba
让 妈 妈 接 电 话 吧。

tā bú zài nín dǎ tā de shǒu jī ba
她 不 在，您 打 她 的 手 机 吧。

8

shǒu jī hào mǎ shì duō shao
手 机 号 码 是 多 少？

shǒu jī hào mǎ shì
手 机 号 码 是 13521209688。

5

6) **出去** chūqù: 나가다, 외출하다

7) **事** shì: 일

6

8) **让** ràng: ～에게 ～하게 하다, ～하도록 시키다

☞ **妈妈让我写作业。**
  māma ràng wǒ xiě zuòyè
  -엄마가 저보고 숙제하라고 했어요.

9) **给** gěi: ～에게

☞ **我给爸爸打电话。**
  wǒ gěi bàba dǎ diànhuà
  -저는 아빠에게 전화를 걸어요.

10) **会** huì: ～일 것이다, ～할 가능성이 있다

☞ **他会在家里。**
  tā huì zài jiāli
  -그는 집에 있을 것이다.

11) **告诉** gàosu: 알리다, 말하다

8

• 번호 읽기: 전화 번호나 차 번호 등 각종 번호를 읽을 때에는 숫자를 하나씩 개별적으로 읽어 주면 된다. 이 때 숫자 1은 주로 'yāo'라고 읽는다.

110 报警电话
bàojǐng diànhuà
경찰 신고 전화

119 火警电话
huǒjǐng diànhuà
화재 신고 전화

120 急救电话
jíjiù diànhuà
구급 전화

114 查号电话
cháhào diànhuà
전화번호 안내 전화

12121 天气预报电话
tiānqì yùbào diànhuà
일기 예보 전화

12117 报时电话
bàoshí diànhuà
시간 알림 전화

1 전화를 걸어 내가 찾는 사람이 있는지 물어봅시다.

请问，丽丽在吗？

请问，丽丽在家吗？

请问，王老师在吗？

请问，王老师在家吗？

2 "잠시 기다리세요."의 표현들에는 어떤 것이 있는지 알아봅시다.

请等一下。

请等一等。

请等一会儿。

请稍等。

3 상대방으로부터 '당신은 누구십니까?'라는 질문을 받았을 때 어떻게 자신을
소개할 것인지 생각해 봅시다.

〈您是哪位？〉

我是她的朋友东东。

我是她的同学东东。

我是她的学生丽丽。

我是她的妹妹丽丽。

4 다음의 표현들은 어느 상황에서 쓰여지는지 알아봅시다.

不在，她出去了。
不在，她还没回来。
对不起，你打错了。
对不起，我打错了。

5 상대방에게 전화번호를 묻고 대답해 봅시다.

你的电话号码是多少？
我的电话号码是84712360。

你家的电话号码是多少？
我家的电话号码是（　　　　　　）。

你的手机号码是多少？
我的手机号码是13005104599。

你爸爸的手机号码是多少？
我爸爸的手机号码是（　　　　　　）。

diàn	diàn	diàn	diàn	diàn					
电	电	电	电	电					
huà	huà	huà	huà	huà					
话	话	话	话	话					
shǒu	shǒu	shǒu	shǒu	shǒu					
手	手	手	手	手					
jī	jī	jī	jī	jī					
机	机	机	机	机					
dǎ	dǎ	dǎ	dǎ	dǎ					
打	打	打	打	打					
děng	děng	děng	děng	děng					
等	等	等	等	等					
duō	duō	duō	duō	duō					
多	多	多	多	多					
shǎo	shǎo	shǎo	shǎo	shǎo					
少	少	少	少	少					
jiā	jiā	jiā	jiā	jiā					
家	家	家	家	家					
xiè	xiè	xiè	xiè	xiè					
谢	谢	谢	谢	谢					

13 今天天气很好

- 날씨, 계절과 관련된 낱말들을 익혀 봅시다.
- 날씨 상황을 표현하는 여러 가지 말들을 익혀 봅시다.
- 사계절 기후의 특징을 표현하여 봅시다.

날 씨

天气	tiānqì	날씨
晴天	qíngtiān	맑음
阴天	yīntiān	흐림
下雨	xiàyǔ	비가 내리다
下雪	xiàxuě	눈이 내리다
刮风	guāfēng	바람이 불다
冷	lěng	춥다
热	rè	덥다
暖和	nuǎnhuo	따뜻하다
凉快	liángkuai	시원하다

계 절

季节	jìjié	계절
春天	chūntiān	봄
夏天	xiàtiān	여름
秋天	qiūtiān	가을
冬天	dōngtiān	겨울

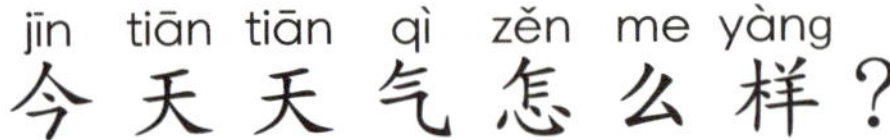

1

jīn tiān tiān qì zěn me yàng
今 天 天 气 怎 么 样？

jīn tiān tiān qì hěn hǎo
今 天 天 气 很 好。

2

míng tiān shì qíng tiān ma
明 天 是 晴 天 吗？

míng tiān kě néng shì yīn tiān
明 天 可 能 是 阴 天。

3

hòu tiān huì xià yǔ ma
后 天 会 下 雨 吗？

kě néng huì xià yǔ， zuì hǎo dài yǔ
可 能 会 下 雨， 最 好 带 雨
sǎn
伞。

4

xià xuě le， qù dǎ xuě zhàng ba
下 雪 了， 去 打 雪 仗 吧。

bú qù， wài bian tài lěng le
不 去， 外 边 太 冷 了。

낱|말|풀|이

1

1) **怎么样** zěnmeyàng:
어떠하다

☞ **我的书怎么样？**
　 wǒ de shū zěnmeyàng
　 -제 책 어때요?

2

2) **可能** kěnéng: 아마도

☞ **他可能不来。**
　 tā kěnéng bù lái
　 -그는 아마 오지 않을 것
　 이다.

3

3) **最好** zuìhǎo: 제일 좋기
는, 가장 바람직한 것은

☞ **你最好明天去。**
　 nǐ zuìhǎo míngtiān qù
　 -너는 내일 가는 것이 제일
　 좋겠다.

4) **带** dài: (몸에) 지니다, 휴
대하다

5) **雨伞** yǔsǎn: 우산

4

6) **打雪仗** dǎ xuězhàng:
눈싸움을 하다

tài rè le　qǐng dǎ kāi kōng tiáo
太 热 了，请 打 开 空 调，
hǎo ma
好 吗？

hǎo ba　wǒ yě jué de hěn rè
好 吧，我 也 觉 得 很 热。

běi jīng qiū tiān tiān qì zěn me yàng
北 京 秋 天 天 气 怎 么 样？

hěn liáng kuai　bù lěng yě bú rè
很 凉 快，不 冷 也 不 热。

míng tiān nǐ men qù chūn yóu ma
明 天 你 们 去 春 游 吗？

rú guǒ bú xià yǔ　wǒ men jiù qù
如 果 不 下 雨，我 们 就 去。

míng tiān de qì wēn shì duō shao dù
明 天 的 气 温 是 多 少 度？

tiān qì yù bào shuō zuì gāo èr shí dù
天 气 预 报 说 最 高 二 十 度。

5

7) **打开** dǎkāi: 켜다, 열다
8) **空调** kōngtiáo: 에어컨
9) **觉得** juéde: ～라고 느끼다, ～라고 생각하다

7

10) **春游** chūnyóu: 봄 소풍, 봄 놀이
11) **如果～ 就～** rúguǒ～ jiù～: 만약～하면 곧 ～한다.
☞ **如果你来，我就等你。**
　rúguǒ nǐ lái, wǒ jiù děng nǐ
　-만약 네가 온다면, 나는 너를 기다릴께.
• **如果** 대신 **要是** yàoshi를 사용하기도 한다.

8

12) **气温** qìwēn: 기온
13) **度** dù: 도
14) **天气预报** tiānqì yùbào: 일기예보
15) **高** gāo: 높다

太阳
tàiyáng
태양

月亮
yuèliang
달

星星
xīngxing
별

云
yún
구름

闪电
shǎndiàn
번개

雾
wù
안개

冰雹
bīngbáo
우박

彩虹
cǎihóng
무지개

1 오늘의 날씨가 어떠한지 묻고 대답해 봅시다.

〈 今 天 天 气 怎 么 样 ？ 〉

今 天 天 气 很 好 。
今 天 天 气 不 好 。
今 天 天 气 很 冷 。
今 天 天 气 很 热 。

2 내일 날씨를 묻는 아래 질문에 대하여 여러 가지 답변들을 생각해 봅시다.

〈 明 天 是 晴 天 吗 ？ 〉

明 天 可 能 是 晴 天 。
明 天 可 能 是 阴 天 。
明 天 可 能 刮 风 。
明 天 可 能 下 雪 。

3 모레 날씨에 관한 아래 질문에 대하여 여러 가지 답변들을 생각해 봅시다.

〈 后 天 会 下 雨 吗 ？ 〉

后 天 会 下 雨 。
后 天 可 能 会 下 雨 。

天气预报说后天下雨。
后天不会下雨。

4 봄, 여름, 가을, 겨울 각 계절의 날씨를 설명해 봅시다.

春天天气怎么样？
春天很暖和，很少刮风。

夏天天气怎么样？
夏天很热，经常下雨。

秋天天气怎么样？
秋天很凉快，不冷也不热。

冬天天气怎么样？
冬天很冷，经常下雪。

5 날씨가 덥거나 추울 때 어떻게 부탁하면 될까요?

太热了，请打开空调，好吗？
太热了，请打开门，好吗？
太冷了，请打开空调，好吗？
太冷了，请关上门，好吗？

chūn	chūn	chūn	chūn	chūn				
春	春	春	春	春				
xià	xià	xià	xià	xià				
夏	夏	夏	夏	夏				
qiū	qiū	qiū	qiū	qiū				
秋	秋	秋	秋	秋				
dōng	dōng	dōng	dōng	dōng				
冬	冬	冬	冬	冬				
xuě	xuě	xuě	xuě	xuě				
雪	雪	雪	雪	雪				
qì	qì	qì	qì	qì				
气	气	气	气	气				
yǔ	yǔ	yǔ	yǔ	yǔ				
雨	雨	雨	雨	雨				
fēng	fēng	fēng	fēng	fēng				
风	风	风	风	风				
lěng	lěng	lěng	lěng	lěng				
冷	冷	冷	冷	冷				
rè	rè	rè	rè	rè				
热	热	热	热	热				

14 排队上车

- 여러 가지 교통 수단을 알아봅시다.
- 교통과 관련된 낱말들을 익혀 봅시다.
- 교통 수단을 이용할 때 필요한 여러 가지 표현들을 익혀 봅시다.

교통 수단

汽车　qìchē　자동차

火车　huǒchē　기차

飞机　fēijī　비행기

船　chuán　배

地铁　dìtiě　지하철

自行车　zìxíngchē　자전거

摩托车　mótuōchē　오토바이

公共汽车　gōnggòng qìchē　버스

出租车　chūzūchē　택시

교통과 관련된 낱말

开车　kāichē　차를 운전하다

停车　tíngchē　차를 멈추다

骑车　qíchē　자전거를 타다

打车　dǎchē　택시를 잡다(타다)

马路　mǎlù　길

红绿灯　hónglùdēng　신호등

十字路口　shízìlùkǒu　사거리

①

nǐ zěn me qù xué xiào
你 怎 么 去 学 校 ？

wǒ qí chē qù
我 骑 车 去 。

②

nǐ zěn me qù shàng hǎi
你 怎 么 去 上 海 ？

wǒ zuò fēi jī qù
我 坐 飞 机 去 。

③

qí chē qù xū yào duō cháng shí jiān
骑 车 去 需 要 多 长 时 间 ？

dà gài shí fēn zhōng ba
大 概 十 分 钟 吧 。

④

xiào chē lái le kuài shàng chē ba
校 车 来 了 ，快 上 车 吧 。

bié zháo jí pái duì shàng chē
别 着 急 ，排 队 上 车 。

낱｜말｜풀｜이

②

1) **上海** shànghǎi : 상해 (도시 이름)
2) **坐** zuò :（차, 비행기, 배 등의 교통수단에）타다

③

3) **需要** xūyào: 필요하다
4) **多** duō: 얼마나
5) **长** cháng: 길다
6) **时间** shíjiān: 시간
7) **大概** dàgài: 대략, 대개

④

8) **校车** xiàochē: 스쿨버스
9) **快** kuài: 빠르다
10) **上** shàng: 오르다
• '내리다'는 '**下**' xià이다.
11) **别** bié: ～하지 마라
• **不要** búyào라 하기도 한다.
☞ **别笑！** bié xiào
　-웃지 마라!
12) **着急** zháojí: 조급해 하다
13) **排队** páiduì: 줄을 서다

kuài diǎnr　　yào chí dào le
快点儿！要迟到了！

nà wǒ men dǎ chē qù ba
那我们打车去吧！

guò mǎ lù de shí hou yào xiǎo xīn
过马路的时候要小心！

nín fàng xīn ba　　wǒ huì zhù yì de
您放心吧。我会注意的。

nǐ jì hǎo ān quán dài le ma
你系好安全带了吗？

xiè xie　　wǒ yǐ jing jì hǎo le
谢谢，我已经系好了。

shī fu zài zhè li tíng chē ba
师傅，在这里停车吧。

děng yí xià guò le hóng lǜ dēng cái
等一下，过了红绿灯才
néng tíng
能停。

---

⑤

14) **要** yào：～하려하다, ～할 것이다

15) **迟到** chídào：지각하다

16) **那** nà：그러면

⑥

17) **过** guò：건너다

18) **～的时候** ～de shíhou：～할 때

☞ **上课的时候不要说话。**
　　shàngkè de shíhou búyào shuōhuà
　　-수업할 때 얘기하지 마세요.

19) **要** yào：～해야 한다

20) **小心** xiǎoxīn：조심하다

21) **放心** fàngxīn：안심하다

⑦

22) **系** jì：매다

23) **安全带** ānquándài：안전벨트

⑧

24) **师傅** shīfu：어떤 기술, 기능에 숙달된 사람이나 각종 서비스업에 종사하는 사람을 부르는 호칭

25) **才** cái：비로소

叔 叔 在 做 什 么？

shūshu zài zuò shénme

你 们 怎 么 去 上 海？

nǐmen zěnme qù shànghǎi

过 马 路 时 要 怎 么 做？

guò mǎlù shí yào zěnme zuò

阿 姨 在 做 什 么？

āyí zài zuò shénme

车 停 在 什 么 地 方？

chē tíng zài shénme dìfang

他 怎 么 去 香 港？

tā zěnme qù xiānggǎng

她 们 怎 么 去 韩 国？

tāmen zěnme qù hánguó

孩 子 们 在 做 什 么？

háizimen zài zuò shénme

1 가고자 하는 목적지에 무엇을 타고 가는지 물어봅시다.

你 怎 么 去 学 校 ?
你 怎 么 去 公 司 ?
你 怎 么 去 韩 国 ?
你 怎 么 去 上 学 ?

2 어떠한 교통 수단을 이용하는지 대답해 봅시다.

我 坐 飞 机 去 。
我 坐 火 车 去 。
我 坐 地 铁 去 。
我 走 路 去 。

3 목적지까지 가는데 얼마나 걸리는지 묻고 대답해 봅시다.

骑 车 去 需 要 多 长 时 间 ?
大 概 一 个 小 时 吧 。

走 路 去 需 要 多 长 时 间 ?
大 概 十 分 钟 吧 。

开车去需要多长时间？
大概四五个小时吧。

坐船去需要多长时间？
大概一天吧。

4 운전기사에게 자신이 내려야 할 지점에서 차를 세워 달라고 이야기해 봅시다.

师傅，在这里停车吧。
师傅，在门口停车吧。
师傅，过了马路停车吧。
师傅，过了红绿灯停车吧。

5 길을 다니거나 교통 수단을 이용할 때는 늘 조심을 해야 합니다. 상대방에게 조심하라고 당부해 볼까요?

过马路的时候要小心！
开车的时候要小心！
骑车的时候要小心！
路上要小心！

huǒ 火	火	火	火	火
chē 车	车	车	车	车
fēi 飞	飞	飞	飞	飞
zì 自	自	自	自	自
xíng 行	行	行	行	行
kāi 开	开	开	开	开
tíng 停	停	停	停	停
mǎ 马	马	马	马	马
lù 路	路	路	路	路
zuò 坐	坐	坐	坐	坐

15 一直往前走

- 방향을 나타내는 낱말들을 익혀 봅시다.
- 우리가 많이 이용하는 장소들의 이름을 알아봅시다.
- 길을 묻고 안내하는 여러 가지 표현들을 익혀 봅시다.

방향을 나타내는 낱말

东	dōng	동		左	zuǒ	왼쪽
西	xī	서		右	yòu	오른쪽
南	nán	남		中间	zhōngjiān	중간
北	běi	북		旁边	pángbiān	옆
前	qián	앞		附近	fùjìn	부근
后	hòu	뒤		对面	duìmiàn	맞은 편

많이 이용하는 장소

超市　chāoshì　수퍼마켓
邮局　yóujú　우체국
书店　shūdiàn　서점
药店　yàodiàn　약국
医院　yīyuàn　병원
餐厅　cāntīng　음식점
公园　gōngyuán　공원
银行　yínháng　은행
体育馆　tǐyùguǎn　체육관

qǐng wèn， qù yín háng zěn me zǒu
请 问，去 银 行 怎 么 走？

yì zhí wǎng qián zǒu jiù shì
一 直 往 前 走 就 是。

qǐng wèn， chāo shì zài shén me dì fang
请 问，超 市 在 什 么 地 方？

dào shí zì lù kǒu wǎng yòu guǎi
到 十 字 路 口 往 右 拐。

qù wáng fǔ jǐng zěn me zuò chē
去 王 府 井 怎 么 坐 车？

guò hóng lǜ dēng zuò lù qì chē
过 红 绿 灯，坐 4 路 汽 车。

yī yuàn lí zhèr yuǎn bu yuǎn
医 院 离 这 儿 远 不 远？

bù yuǎn zǒu wǔ fēn zhōng jiù dào le
不 远，走 五 分 钟 就 到 了。

낱 | 말 | 풀 | 이

1

1) **一直** yìzhí: 곧바로, 줄곧
2) **往** wǎng: ～로（향하여）
☞ **往后** wǎng hòu
　-뒤로

2

3) **地方** dìfang: 곳, 장소
4) **拐** guǎi: （코너를）돌다,
방향을 바꾸다
☞ **往左拐** wǎng zuǒ guǎi
　-왼쪽으로 돌아 주세요.

3

5) **王府井** wángfǔjǐng: 북경
의 한 지명
6) **路** lù: 노선
☞ **30路公共汽车**
　-30번 버스

4

7) **离** lí: ～에서 떨어지다,
～로 부터 떨어지다
☞ **我家离学校不远。**
　wǒ jiā lí xuéxiào bù yuǎn
　-저희 집은 학교에서 멀지
　않아요.
8) **远** yuǎn: 멀다
　近 jìn: 가깝다

5

nǐ men xué xiào zài　nǎr
你们学校在哪儿？

zài wàng jīng　lái guǎng yíng
在望京来广营。

6

xué xiào fù　jìn　yǒu shū diàn ma
学校附近有书店吗？

yǒu　　xué xiào duì miàn yǒu　yì　jiā
有，学校对面有一家。

7

yóu　jú　zài gōng yuán dōng mén páng
邮局在公园东门旁
biān ma
边吗？

bù　　zài gōng yuán xī mén páng biān
不，在公园西门旁边。

8

yào diàn zài yóu　jú　zuǒ bian ma
药店在邮局左边吗？

duì　　zài yóu　jú　hé　yín háng zhōng jiān
对，在邮局和银行中间。

5

9) **来广营** láiguǎngyíng：
북경의 한 지명

6

10) **家** jiā：상점, 가정 등을
세는 단위

8

11) **边** biān：～쪽
- 上,下,左,右,前,后,东,西,
南,北 등의 뒤에 붙어 방위
를 나타낸다. 이 때 보통 경
성으로 발음한다.
☞ **南边** nánbian －남쪽
☞ **这边** zhèbian －이쪽
☞ **那边** nàbian －저쪽
☞ **哪边** nǎbian －어느 쪽
12) **对** duì：옳다, 맞다

cóng xué xiào dào yín háng zěn me zǒu
从学校到银行怎么走？
학교에서 은행까지 어떻게 갑니까?

yào diàn duì miàn shì shén me dì fang
药店对面是什么地方？
약국 맞은편은 어떤 곳입니까？

shū diàn shì zài yī yuàn de běi biān ma
书店是在医院的北边吗？
서점은 병원의 북쪽에 있습니까？

gōng yuán fù jìn yǒu shén me
公园附近有什么？
공원 부근에는 무엇이 있습니까？

1 길을 잘 모를 때 어떻게 가야 하는지 물어봅시다.

请问，去银行怎么走？
请问，去邮局怎么走？
请问，去公园怎么走？
请问，去图书馆怎么走？

2 다른 사람이 길을 물을 때 잘 알려줄 수 있도록 다음 문장들을 익혀 봅시다.

一直往前走就是。
往右拐就是。
过马路往左拐就是。
往右拐过红绿灯就是。

3 두 지점간의 거리가 얼마나 멀리 떨어져 있는지 묻고 대답해 봅시다.

医院离这儿远不远？
医院离这儿不远。

超市离这儿远不远？
超市离这儿很远。

学 校 离 家 远 不 远 ？
学 校 离 家 不 太 远 。

公 园 离 家 远 不 远 ？
公 园 离 家 很 近 。

4 학교의 동서남북 쪽에는 무엇이 있는지 설명해 봅시다.

学 校 的 东 边 是 体 育 馆 。
学 校 的 西 边 是 图 书 馆 。
学 校 的 南 边 是 操 场 。
学 校 的 北 边 是 食 堂 。

5 병원 주변에는 무엇이 있는지 묻고 대답해 봅시다.

〈 医 院 附 近 有 什 么 ？ 〉

医 院 附 近 有 药 店 。
医 院 对 面 有 餐 厅 。
医 院 前 边 有 邮 局 。
医 院 后 边 有 银 行 。

dōng	dōng	dōng	dōng	dōng					
东	东	东	东	东					
xī	xī	xī	xī	xī					
西	西	西	西	西					
nán	nán	nán	nán	nán					
南	南	南	南	南					
běi	běi	běi	běi	běi					
北	北	北	北	北					
qián	qián	qián	qián	qián					
前	前	前	前	前					
hòu	hòu	hòu	hòu	hòu					
后	后	后	后	后					
zuǒ	zuǒ	zuǒ	zuǒ	zuǒ					
左	左	左	左	左					
yòu	yòu	yòu	yòu	yòu					
右	右	右	右	右					
wǎng	wǎng	wǎng	wǎng	wǎng					
往	往	往	往	往					
zǒu	zǒu	zǒu	zǒu	zǒu					
走	走	走	走	走					

16 我从韩国来

- 여러 나라와 도시의 이름을 알아봅시다.
- 능력과 경험을 나타내는 방법을 익혀 봅시다.
- 양과 횟수를 표현하는 방법을 익혀 봅시다.

나라 이름

韩国	hánguó	한국
中国	zhōngguó	중국
美国	měiguó	미국
日本	rìběn	일본
英国	yīngguó	영국
法国	fǎguó	프랑스
德国	déguó	독일
印度	yìndù	인도
俄罗斯	éluósī	러시아
加拿大	jiānádà	캐나다
意大利	yìdàlì	이탈리아
西班牙	xībānyá	스페인
巴西	bāxī	브라질
澳大利亚	àodàlìyà	오스트레일리아

도시 이름

首尔	shǒu'ěr	서울
釜山	fǔshān	부산
北京	běijīng	북경
上海	shànghǎi	상해
天津	tiānjīn	천진
纽约	niǔyuē	뉴욕
巴黎	bālí	파리
伦敦	lúndūn	런던
柏林	bólín	베를린
东京	dōngjīng	동경

1

nǐ cóng nǎr lái
你 从 哪儿 来？

wǒ cóng hán guó lái
我 从 韩 国 来。

2

nǐ shì cóng rì běn lái de ma
你 是 从 日 本 来 的 吗？

bú shì wǒ shì cóng tái wān lái de
不 是，我 是 从 台 湾 来 的。

3

nǐ lái zhōng guó duō jiǔ le
你 来 中 国 多 久 了？

wǒ lái zhōng guó sān ge yuè le
我 来 中 国 三 个 月 了。

4

nǐ huì shuō hàn yǔ ma
你 会 说 汉 语 吗？

wǒ huì shuō yì diǎnr
我 会 说 一 点 儿。

낱 | 말 | 풀 | 이

2

1) 台湾 táiwān : 대만

3

2) 久 jiǔ : 오래다

3) 三个月 sān ge yuè : 석 달, 3개월

☞ 两个月 liǎng ge yuè
　-두 달

4

4) 会 huì : (배우거나 연습을 통해서) ～할 수 있다

☞ 你会写汉字吗?
　nǐ huì xiě hànzì ma
　-너 한자 쓸 수 있니?

• 能 néng과 会 huì
처음 배워서 할 수 있는 것은 能과 会를 다 쓸 수는 있으나, 주로 '会'를 쓴다. 어떠한 능력을 상실했다가 회복했을 경우에는 '能'을 쓴다.

☞ 他的腿好了，能走路了。
　tā de tuǐ hǎo le, néng zǒulù le
　-그는 다리가 나아서 걸을 수 있게 되었다.

어떤 능력을 가지고 있음을 나타낼 때 能과 会를 모두 쓸 수 있지만, 그 능력이 일정한 정도에 이르렀음을 나타낼 때는 '能'을 쓴다.

5

nǐ hái huì shuō nǎ zhǒng yǔ yán
你还会说哪种语言？

wǒ hái huì shuō yīng yǔ
我还会说英语。

6

nǐ qù guo měi guó ma
你去过美国吗？

wǒ qù guo yí cì
我去过一次。

7

nǐ qù guo měi guó de nǎ ge chéng shì
你去过美国的哪个城市？

wǒ qù guo niǔ yuē
我去过纽约。

8

nǐ qù guo dé guó méi yǒu
你去过德国没有？

wǒ cóng lái méi qù guo
我从来没去过。

☞ 他一分钟能打一百个字。
tā yìfēnzhōng néng dǎ yìbǎi ge zì
-그는 1분에 백 자를 칠 수 있어요.

5
5) 语言 yǔyán: 언어
6) 英语 yīngyǔ: 영어

6
7) ～过 guo: ～한 적이 있다
-경험을 나타낸다. 부정은 '没(有)'로 한다.
☞ 我看过这本书。
wǒ kànguo zhè běn shū
-저는 이 책을 읽어 본 적이 있어요.
☞ 我没看过这本书。
wǒ méi kànguo zhè běn shū
-저는 이 책을 읽어 본 적이 없어요.
8) 次 cì: 번, 횟수
• 一次 yícì: 한 번
两次 liǎngcì: 두 번

7
9) 城市 chéngshì: 도시

8
10) 从来 cónglái: 지금까지, 여태껏
-주로 부정문에서 사용한다.

太极旗
tàijíqí
태극기

五星红旗
wǔxīnghóngqí
오성홍기

老虎
lǎohǔ
호랑이

熊猫
xióngmāo
팬더

木槿
mùjǐn
무궁화

牡丹
mǔdān
모란

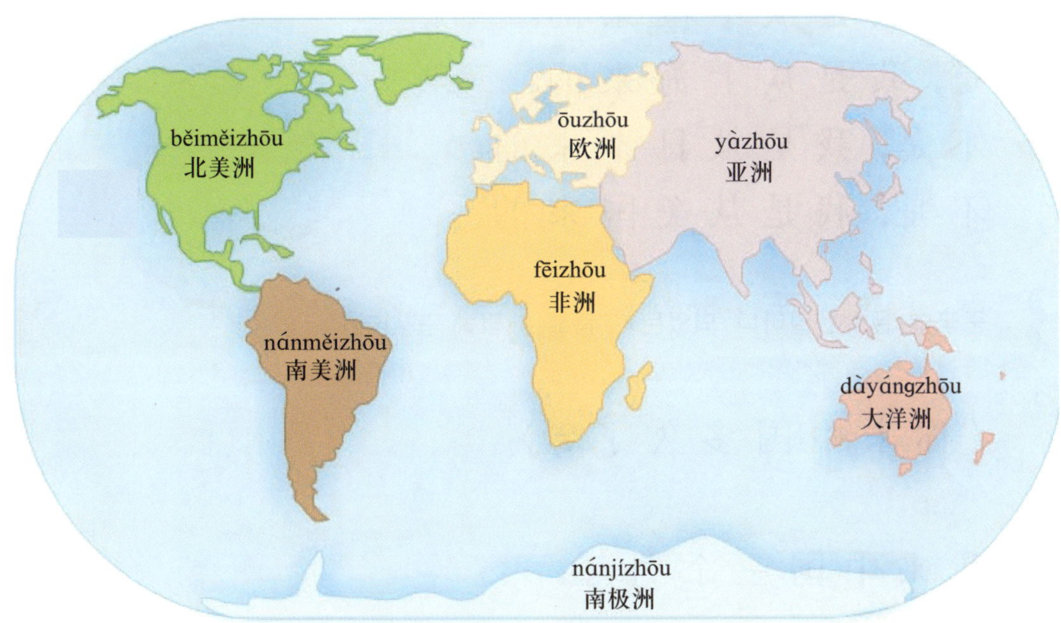

1 상대방이 어디에서 왔는지 묻고 대답해 봅시다.

〈你从哪儿来？〉

我从韩国来。
我从中国来。
我从首尔来。
我从北京来。

2 다음 질문에 각각 긍정과 부정으로 대답해 봅시다.

〈你是从中国来的吗？〉

是，我是从中国来的。
是，我是从上海来的。
不是，我是从日本来的。
不是，我是从美国来的。

3 중국에 온 지 얼마나 되었는지 묻고 대답해 봅시다.

〈你来中国多久了？〉

我来中国三个月了。

我 来 中 国 半 年 了。

我 来 中 国 一 年 了。

我 来 中 国 已 经 三 年 了。

4 다음 질문에 나는 어떻게 대답할 수 있을까요?

〈 你 会 说 汉 语 吗 ？ 〉

我 会 说 汉 语。

我 不 会 说 汉 语。

我 会 说 一 点 儿。

我 说 得 不 太 好。

5 어떤 나라들을 가보았는지 묻고 대답해 봅시다.

〈 你 去 过 (　　　) 吗 ？ 〉

我 去 过 一 次。

我 去 过 两 次。

我 没 去 过。

我 从 来 没 去 过。

guó	guó	guó	guó	guó				
国	国	国	国	国				
měi	měi	měi	měi	měi				
美	美	美	美	美				
yīng	yīng	yīng	yīng	yīng				
英	英	英	英	英				
dé	dé	dé	dé	dé				
德	德	德	德	德				
fǎ	fǎ	fǎ	fǎ	fǎ				
法	法	法	法	法				
chéng	chéng	chéng	chéng	chéng				
城	城	城	城	城				
shì	shì	shì	shì	shì				
市	市	市	市	市				
shǒu	shǒu	shǒu	shǒu	shǒu				
首	首	首	首	首				
ěr	ěr	ěr	ěr	ěr				
尔	尔	尔	尔	尔				
jīng	jīng	jīng	jīng	jīng				
京	京	京	京	京				

17 中国菜很好吃

- 맛을 나타내는 낱말들을 익혀 봅시다.
- 정도를 나타내는 낱말들을 익혀 봅시다.
- 기호를 묻고 대답하는 방법을 익혀 봅시다.

여러 가지 맛

酸	suān	시다
甜	tián	달다
苦	kǔ	쓰다
辣	là	맵다
咸	xián	짜다
淡	dàn	싱겁다
油腻	yóunì	기름지다
清淡	qīngdàn	담백하다

정도를 나타내는 낱말

最	zuì	제일
太	tài	너무
很	hěn	매우
挺	tǐng	꽤, 매우
非常	fēicháng	대단히
特别	tèbié	특히, 아주
真	zhēn	참으로
更	gèng	더욱
比较	bǐjiào	비교적
有点儿	yǒudiǎnr	조금

zhōng guó cài hǎo chī ma
中 国 菜 好 吃 吗?

zhōng guó cài tǐng hǎo chī
中 国 菜 挺 好 吃。

nǐ xí guàn chī zhōng guó cài ma
你 习 惯 吃 中 国 菜 吗?

xiàn zài yǐ jing xí guàn le
现 在 已 经 习 惯 了。

pào cài wèi dao zěn me yàng
泡 菜 味 道 怎 么 样?

yǒu diǎnr là
有 点 儿 辣。

hán guó cài dōu hěn là ma
韩 国 菜 都 很 辣 吗?

bù yí dìng yǒu de là yǒu de bú là
不 一 定,有 的 辣,有 的 不 辣。

낱 | 말 | 풀 | 이

1

1) 菜 cài: 요리
2) 好吃 hǎochī: 맛있다
• 好喝 hǎohē
 :(음료수 따위가) 맛있다

2

3) 习惯 xíguàn: 익숙해지다,
습관이 되다
☞ 我习惯早上六点起床。
 wǒ xíguàn zǎoshang liùdiǎn
 qǐchuáng
 -저는 아침 6시에 일어나
 는 것이 습관이 되었습
 니다.

3

4) 泡菜 pàocài: 김치
5) 味道 wèidao: 맛

4

6) 一定 yídìng: 반드시, 꼭
• 不一定 bùyídìng: 반드시
 ～하는 것은 아니다.
7) 有的 yǒude: 어떤 것, 어
떤 사람
-주로 두 번 반복하여 사용
한다.

5

nǐ jué de zhè ge cài zěn me yàng
你 觉 得 这 个 菜 怎 么 样？

hǎo chī shì hǎo chī　jiù shì yǒu
好 吃 是 好 吃，就 是 有
diǎnr xián
点 儿 咸。

6

nǐ zuì ài chī nǎ zhǒng xiǎo chī
你 最 爱 吃 哪 种 小 吃？

wǒ zuì ài chī yáng ròu chuàn
我 最 爱 吃 羊 肉 串。

7

nǐ chī guo táng cù lǐ ji ma
你 吃 过 糖 醋 里 脊 吗？

chī guo　yòu suān yòu tián　wǒ tè
吃 过，又 酸 又 甜，我 特
bié ài chī
别 爱 吃。

8

nǐ xiǎng chī shén me kǒu wèi de bīng
你 想 吃 什 么 口 味 的 冰
ji líng
激 凌？

wǒ xiǎng chī cǎo méi wèi de
我 想 吃 草 莓 味 的。

包子

bāozi

둥근 모양의 만두

饺子

jiǎozi

반달 모양의 만두

馒头

mántou

소가 없는 찐빵

馄饨

húntun

중국식 만두국

油条

yóutiáo

중국식 꽈배기

火锅

huǒguō

중국식 전골

烤鸭

kǎoyā

오리구이

宫保鸡丁

gōngbǎojīdīng

닭고기와 붉은 고추를
볶은 요리

京酱肉丝

jīngjiàngròusī

돼지고기를 채썰어
짜장으로 볶은 요리

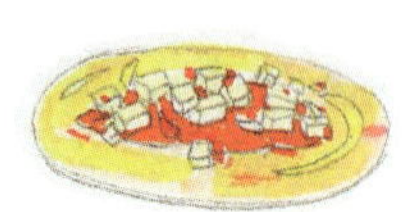

麻婆豆腐

mápódòufu

마파두부

1 중국 음식이 맛이 있는지 물었을 때 나는 어떻게 대답할 것인지 생각해
봅시다.

〈中国菜好吃吗？〉

中国菜挺好吃。
中国菜很好吃。
中国菜最好吃。
中国菜不太好吃。

2 음식의 맛이 어떤지 묻고 대답해 봅시다.

〈你觉得这个菜怎么样？〉

我觉得有点儿辣。
我觉得有点儿咸。
我觉得有点儿甜。
我觉得有点儿淡。

3 어떤 중국 음식을 제일 좋아하는지 묻고 대답해 봅시다.

〈你最爱吃哪种中国菜？〉

我最爱吃火锅。

我 最 爱 吃 烤 鸭。
我 最 爱 吃 宫 保 鸡 丁。
我 最 爱 吃 麻 婆 豆 腐。

4 어떤 맛의 아이스크림을 먹고 싶은지 묻고 대답해 봅시다.

〈你 想 吃 什 么 口 味 的 冰 激 凌？〉

我 想 吃 草 莓 味 的。
我 想 吃 香 蕉 味 的。
我 想 吃 巧 克 力 味 的。
我 想 吃 苹 果 味 的。

5 '习惯'을 사용하여 ～에 익숙해졌는지 물어봅시다.

你 习 惯 吃 中 国 菜 吗？
你 习 惯 住 在 北 京 吗？
你 习 惯 说 汉 语 吗？
你 习 惯 骑 自 行 车 吗？

wèi	wèi	wèi	wèi	wèi					
味	味	味	味	味					
dào	dào	dào	dào	dào					
道	道	道	道	道					
hěn	hěn	hěn	hěn	hěn					
很	很	很	很	很					
zhēn	zhēn	zhēn	zhēn	zhēn					
真	真	真	真	真					
zuì	zuì	zuì	zuì	zuì					
最	最	最	最	最					
tài	tài	tài	tài	tài					
太	太	太	太	太					
fēi	fēi	fēi	fēi	fēi					
非	非	非	非	非					
cháng	cháng	cháng	cháng	cháng					
常	常	常	常	常					
tè	tè	tè	tè	tè					
特	特	特	特	特					
bié	bié	bié	bié	bié					
别	别	别	别	别					

18 我喜欢绿色

- 색깔을 나타내는 낱말들을 익혀 봅시다.
- 여러 가지 의복의 이름을 알아봅시다.
- 이유를 묻고 대답하는 방법을 익혀 봅시다.

색깔

红色	hóngsè	빨강색
橙色	chéngsè	주황색
黄色	huángsè	노랑색
绿色	lǜsè	초록색
青色	qīngsè	파랑색
蓝色	lánsè	남색
紫色	zǐsè	보라색
黑色	hēisè	검정색
白色	báisè	흰색
粉色	fěnsè	분홍색
棕色	zōngsè	갈색

의복

上衣	shàngyī	웃옷
裙子	qúnzi	치마
裤子	kùzi	바지
袜子	wàzi	양말
帽子	màozi	모자
手套	shǒutào	장갑
围巾	wéijīn	목도리
鞋	xié	신발

nǐ xǐ huan shén me yán sè
你喜欢什么颜色？

wǒ xǐ huan lǜ sè
我喜欢绿色。

②

jīn tiān chuān shén me yī fu hǎo ne
今天穿什么衣服好呢？

chuān bái sè de shàng yī ba
穿白色的上衣吧。

③

nǐ wèi shén me chuān yùn dòng fú
你为什么穿运动服？

yīn wèi chuān yùn dòng fú fāng biàn
因为穿运动服方便。

④

wǒ dài shén me yán sè de mào zi
我戴什么颜色的帽子
hǎo kàn
好看？

wǒ jué de nǐ dài lán sè de hǎo kàn
我觉得你戴蓝色的好看。

낱｜말｜풀｜이

①
1) 喜欢 xǐhuan: 좋아하다
2) 颜色 yánsè: 색깔

②
3) 穿 chuān: 입다, 신다
4) 衣服 yīfu: 옷
5) 呢 ne: 여기서는 의문의
어기를 나타낸다.

③
6) 为什么 wèishénme: 왜,
무엇 때문에
7) 运动服 yùndòngfú: 운동복
8) 因为 yīnwèi: 왜냐하면
9) 方便 fāngbiàn: 편리하다

④
10) 戴 dài: (얼굴, 몸 등에)
착용하다, (머리에) 쓰다
※ '戴'는 모자, 장갑, 목도리,
안경 등에 사용하고, '穿'은
옷과 양말, 신발에 사용한다.
11) 好看 hǎokàn: 보기좋
다, 아름답다, 재미있다

⑤

nǐ de qún zi zhēn piào liang
你 的 裙 子 真 漂 亮！

xiè xie zhè shì jiě jie gěi wǒ mǎi de
谢 谢，这 是 姐 姐 给 我 买 的 。

⑥

wǒ xiǎng mǎi nà shuāng huáng sè de xié
我 想 买 那 双 黄 色 的 鞋。

hái shi zhōng sè de gèng hǎo kàn
还 是 棕 色 的 更 好 看。

⑦

zhè shuāng xié yán sè tài shēn le ba
这 双 鞋 颜 色 太 深 了 吧？

bù shēn tài qiǎn le bù hǎo kàn
不 深，太 浅 了 不 好 看。

⑧

nǐ jué de zhè jiàn yī fu zěn me yàng
你 觉 得 这 件 衣 服 怎 么 样？

wǒ jué de yán sè tài àn le
我 觉 得 颜 色 太 暗 了。

---

⑤

12) 漂亮 piàoliang: 예쁘다, 아름답다, 멋지다

⑥

13) 还是 háishi: 그래도, 여전히

-어떠한 두 사물이나 사실을 비교한 후 한가지를 선택할 때 사용한다.

☞ A: 我们今天去还是明天去?
wǒmen jīntiān qù háishi míngtiān qù

B: 还是今天去吧。
háishi jīntiān qù ba

-A: 우리 오늘 갈까, 아니면 내일 갈까?
B: 그래도 오늘 가자.

⑦

14) 深 shēn: 짙다, 깊다
15) 浅 qiǎn: 옅다, 얕다

⑧

16) 件 jiàn: 옷을 세는 단위
17) 暗 àn: 어둡다

-'밝다' 는 '亮' liàng이라고 한다.

韩服

hánfú

한복

旗袍

qípáo

치파오

T 恤衫

T xùshān

T 셔츠

衬衫

chènshān

남방

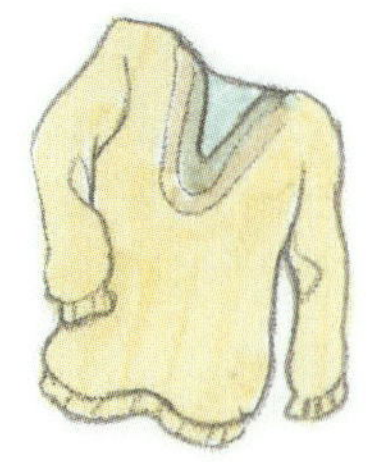

毛衣

máoyī

스웨터

外套

wàitào

외투

短裤

duǎnkù

반바지

牛仔裤

niúzǎikù

청바지

运动鞋

yùndòngxié

운동화

皮鞋

píxié

구두

1 어떤 색깔을 좋아하는지 묻고 대답해 봅시다.

〈你喜欢什么颜色？〉

我喜欢橙色。
我喜欢粉色。
我喜欢紫色。
我喜欢棕色。

2 '为什么'와 '因为'를 사용하여 이유를 묻고 대답해 봅시다.

你为什么穿运动服？
因为穿运动服方便。

你为什么穿运动鞋？
因为穿运动鞋方便。

你为什么戴帽子？
因为戴帽子漂亮。

3 이것은 누가 누구에게 사준 것인지 이야기해 봅시다.

这是姐姐给我买的。

这 是 朋 友 给 我 买 的。
这 是 我 给 你 买 的。
这 是 我 给 妈 妈 买 的。

4 자신이 사고 싶은 물건이 무엇인지 말해 봅시다.

我 想 买 那 双 黄 色 的 鞋。
我 想 买 那 条 绿 色 的 围 巾。
我 想 买 那 双 黑 色 的 袜 子。
我 想 买 那 条 蓝 色 的 裤 子。

5 의복에 대한 상대방의 느낌을 물어봅시다.

〈你 觉 得 这 件 衣 服 怎 么 样？〉

我 觉 得 颜 色 太 红 了。
我 觉 得 颜 色 太 暗 了。
我 觉 得 颜 色 太 深 了。
我 觉 得 颜 色 太 浅 了。

xǐ	xǐ	xǐ	xǐ	xǐ				
喜	喜	喜	喜	喜				
huān	huān	huān	huān	huān				
欢	欢	欢	欢	欢				
yī	yī	yī	yī	yī				
衣	衣	衣	衣	衣				
fú	fú	fú	fú	fú				
服	服	服	服	服				
hēi	hēi	hēi	hēi	hēi				
黑	黑	黑	黑	黑				
bái	bái	bái	bái	bái				
白	白	白	白	白				
hóng	hóng	hóng	hóng	hóng				
红	红	红	红	红				
huáng	huáng	huáng	huáng	huáng				
黄	黄	黄	黄	黄				
lǜ	lǜ	lǜ	lǜ	lǜ				
绿	绿	绿	绿	绿				
sè	sè	sè	sè	sè				
色	色	色	色	色				

第十九课

19 我想当科学家

- 여러 가지 직업을 알아봅시다.
- 직업과 관련된 낱말들을 익혀 봅시다.
- 자신의 장래 희망과 그 이유를 말하여 봅시다.

직 업

科学家　kēxuéjiā　과학자

画家　huàjiā　화가

音乐家　yīnyuèjiā　음악가

演员　yǎnyuán　연예인

律师　lùshī　변호사

运动员　yùndòngyuán　운동선수

警察　jǐngchá　경찰

医生　yīshēng　의사

作家　zuòjiā　작가

公司职员　gōngsī zhíyuán　회사원

직업과 관련된 낱말

职业　zhíyè　직업

工作　gōngzuò　일(하다)

上班　shàngbān　출근하다

下班　xiàbān　퇴근하다

nǐ zhǎng dà yǐ hòu xiǎng dāng shén me
你长大以后想当什么？

wǒ xiǎng dāng kē xué jiā
我想当科学家。

nǐ wèi shén me xiǎng dāng yī shēng
你为什么想当医生？

yīn wèi yī shēng kě yǐ zhì bìng jiù rén
因为医生可以治病救人。

nǐ shū shu de zhí yè shì shén me
你叔叔的职业是什么？

wǒ shū shu shì jǐng chá
我叔叔是警察。

nǐ bà ba shì zuò shén me gōng zuò de
你爸爸是做什么工作的？

wǒ bà ba shì gōng sī zhí yuán
我爸爸是公司职员。

낱｜말｜풀｜이

1

1) 长大 zhǎngdà: 자라다
2) 以后 yǐhòu: 이후
3) 当 dāng: ～이 되다
☞ 他当老师了。
　 tā dāng lǎoshī le
　 -그는 선생님이 되었어요.

2

4) 可以 kěyǐ: ～할 수 있다
-가능이나 능력을 나타낸다.
☞ 你明天可以给我打电话吗？
　 nǐ míngtiān kěyǐ gěi wǒ dǎ
　 diànhuà ma？
　 -너 내일 나한테 전화해 줄 수 있니?
5) 治病 zhìbìng: 병을 치료하다
6) 救 jiù: 구하다

3

7) 叔叔 shūshu: 삼촌

5

nǐ bà ba gōng zuò máng ma
你 爸 爸 工 作 忙 吗？

bà ba gōng zuò hěn máng hěn xīn kǔ
爸 爸 工 作 很 忙，很 辛 苦。

6

nǐ mā ma zài nǎr gōng zuò
你 妈 妈 在 哪 儿 工 作？

wǒ mā ma zài yín háng gōng zuò
我 妈 妈 在 银 行 工 作。

7

nǐ gū gu shì yǎn yuán ma
你 姑 姑 是 演 员 吗？

bù tā shì zuò jiā
不，她 是 作 家。

8

nǐ yé ye hái shàng bān ma
你 爷 爷 还 上 班 吗？

tā yǐ jing tuì xiū le
他 已 经 退 休 了。

5

8) 忙 máng: 바쁘다

9) 辛苦 xīnkǔ: 수고하다, 고생하다

☞ 你辛苦了！ nǐ xīnkǔ le
-수고하셨습니다

6

10) 在～工作 zài～gōngzuò: ～에서 일하다

☞ 他在学校工作。
tā zài xuéxiào gōng zuò
-그는 학교에서 일해요.

7

11) 姑姑 gūgu: 고모

8

12) 退休 tuìxiū: 퇴직하다

歌手
gēshǒu
가수

农民
nóngmín
농민

记者
jìzhě
기자

厨师
chúshī
요리사

播音员
bōyīnyuán
아나운서

美发师
měifàshī
미용사

设计师
shèjìshī
디자이너

军人
jūnrén
군인

1 장래 희망이 무엇인지 묻고 대답해 봅시다.

〈 你 长 大 以 后 想 当 什 么？ 〉

我 想 当 科 学 家。
我 想 当 老 师。
我 想 当 医 生。
我 想 当 (   )。

2 아버지의 직업이 무엇인지 묻고 대답해 봅시다.

〈 你 爸 爸 的 职 业 是 什 么？ 〉

我 爸 爸 是 警 察。
我 爸 爸 是 画 家。
我 爸 爸 是 公 司 职 员。
我 爸 爸 是 (   )。

3 어머니가 어디에서 근무하시는지 묻고 대답해 봅시다.

〈 你 妈 妈 在 哪 儿 工 作？ 〉

我 妈 妈 在 银 行 工 作。

我 妈 妈 在 学 校 工 作。

我 妈 妈 在 医 院 工 作。

我 妈 妈 在（　　　　　）工 作。

4 아버지께서 하시는 일이 바쁘신지 물었을 때에 어떻게 대답할지 생각해
봅시다.

〈你 爸 爸 工 作 忙 吗？〉

爸 爸 工 作 很 忙。

爸 爸 工 作 不 忙。

爸 爸 工 作 不 太 忙。

他 有 时 候 忙，有 时 候 不 忙。

5 할아버지께서 아직도 직장에 다니시는지 물었을 때에 가능한 답변들을 생각해
봅시다.

〈你 爷 爷 还 上 班 吗？〉

我 爷 爷 还 在 上 班。

我 爷 爷 快 要 退 休 了。

我 爷 爷 已 经 退 休 了。

我 爷 爷 早 就 不 上 班 了。

máng	máng	máng	máng	máng				
忙	忙	忙	忙	忙				
dāng	dāng	dāng	dāng	dāng				
当	当	当	当	当				
zhí	zhí	zhí	zhí	zhí				
职	职	职	职	职				
yè	yè	yè	yè	yè				
业	业	业	业	业				
gōng	gōng	gōng	gōng	gōng				
工	工	工	工	工				
yīn	yīn	yīn	yīn	yīn				
因	因	因	因	因				
yī	yī	yī	yī	yī				
医	医	医	医	医				
shēng	shēng	shēng	shēng	shēng				
生	生	生	生	生				
huà	huà	huà	huà	huà				
画	画	画	画	画				
wèi	wèi	wèi	wèi	wèi				
为	为	为	为	为				

20 你会游泳吗？

- 운동 종목의 이름을 알아봅시다.
- 운동 경기와 관련된 낱말들을 익혀 봅시다.
- 운동 경기의 승패를 표현하는 방법을 익혀 봅시다.

운동 종목

足球　zúqiú　축구

乒乓球　pīngpāngqiú　탁구

羽毛球　yǔmáoqiú　배드민턴

篮球　lánqiú　농구

网球　wǎngqiú　테니스

棒球　bàngqiú　야구

游泳　yóuyǒng　수영

跆拳道　táiquándào　태권도

武术　wǔshù　우슈

拔河　báhé　줄다리기

운동 경기와 관련된 낱말

比赛　bǐsài　경기, 시합

赢　yíng　이기다

输　shū　지다

平　píng　비기다

加油　jiāyóu　응원하다

运动会　yùndònghuì　운동회

蓝队　lánduì　청군

白队　báiduì　백군

① nǐ huì yóu yǒng ma
你 会 游 泳 吗？

wǒ huì yóu yǒng
我 会 游 泳。

② nǐ gē ge huì dǎ pīng pāng qiú ma
你 哥 哥 会 打 乒 乓 球 吗？

huì gē ge dǎ de fēi cháng hǎo
会，哥 哥 打 得 非 常 好。

③ nǐ dǎ lán qiú dǎ de zěn me yàng
你 打 篮 球 打 得 怎 么 样？

wǒ dǎ de yì bān
我 打 得 一 般。

④ nǐ zuì shàn cháng de yùn dòng shì shén
你 最 擅 长 的 运 动 是 什
me
么？

shì tī zú qiú
是 踢 足 球。

낱|말|풀|이

②

1) 打 dǎ: 치다, 때리다
(운동이나 놀이를) 하다

☞ 打网球 dǎ wǎngqiú
　　-테니스하다

☞ 打鼓 dǎ gǔ
　　-북을 치다

2) 得 de: 어떤 사실의 정도
나 결과를 나타낼 때 사용한다.

☞ 说得快 shuō de kuài
　　-말을 빨리 하다

☞ 来得早 lái de zǎo
　　-일찍 오다

☞ 他每天起得很晚。
　　tā měitiān qǐ de hěn wǎn
　　-그는 매일 아주 늦게 일
　　　어나요.

③

3) 一般 yìbān: 보통이다

④

4) 擅长 shàncháng:（어느
한 기능에）뛰어나다, 능숙
하다

5) 运动 yùndòng: 운동

6) 踢 tī: 차다

• 踢足球 tī zúqiú
　-축구하다

5

nǐ xué guo wǔ shù ma
你学过武术吗？

méi xué guo   wǒ yǐ qián xué guo tái
没学过，我以前学过跆
quán dào
拳道。

6

nǐ cān jiā bá hé bǐ sài le ma
你参加拔河比赛了吗？

cān jiā le   wǒ men duì shū le
参加了，我们队输了。

7

hán zhōng zú qiú bǐ sài shéi yíng le
韩中足球比赛谁赢了？

èr bǐ èr tī píng le
二比二踢平了。

8

nǐ wèi nǎ ge duì jiā yóu a
你为哪个队加油啊？

dāng rán wèi hán guó duì jiā yóu la
当然为韩国队加油啦！

5

7) 以前 yǐqián: 이전

6

8) 参加 cānjiā: 참가하다
9) 队 duì: 팀

7

10) 比 bǐ: 비, 비율
☞ 3 比 3
　 - 3대 3

8

11) 为 wèi: ～를 위하여
12) 加油 jiāyóu: 원래의 뜻은 '기름을 넣다' 인데, 응원을 할 때 '힘내라', '화이팅'의 뜻으로도 많이 사용한다.
13) 当然 dāngrán: 당연히
14) 啦 la: 어기사 '了' le 와 '啊' a 의 합음으로, 여기서는 감탄의 어기를 나타낸다.

打高尔夫球

dǎ gāo'ěrfūqiú

골프를 치다

打棒球

dǎ bàngqiú

야구를 하다

滑雪

huáxuě

스키를 타다

练体操

liàn tǐcāo

체조를 하다

打排球

dǎ páiqiú

배구를 하다

跳绳

tiàoshéng

줄넘기를 하다

打保龄球

dǎ bǎolíngqiú

볼링을 하다

滑冰

huábīng

스케이트를 타다

1 어떤 운동을 좋아하는지 말해 봅시다.

我 喜 欢 打 保 龄 球。
我 喜 欢 打 棒 球。
我 喜 欢 滑 冰。
我 喜 欢 练 体 操。

2 다음의 운동을 할 수 있는지 묻고 대답해 봅시다.

你 会 滑 雪 吗？
我 会 一 点 儿。

你 会 打 篮 球 吗？
我 不 会 打 篮 球。

你 会 踢 足 球 吗？
我 不 太 会 踢 足 球。

3 탁구에 대한 실력이 어느 정도인지 묻고 대답해 봅시다.

〈你 打 乒 乓 球 打 得 怎 么 样？〉

我 打 得 非 常 好。

我 打 得 一 般。

我 打 得 不 太 好。

我 打 得 不 好。

4 어제 있었던 농구 경기 결과에 대해 묻고 대답해 봅시다.

〈昨 天 的 篮 球 赛 谁 赢 了？〉

我 们 队 赢 了。

我 们 队 三 比 二 赢 了。

我 们 队 输 了。

我 们 队 二 比 三 输 了。

二 比 二 打 平 了。

5 어느 팀을 응원할 것인지 묻고 대답해 봅시다.

〈你 为 哪 个 队 加 油 啊？〉

当 然 为 韩 国 队 加 油 啦！

当 然 为 中 国 队 加 油 啦！

当 然 为 我 们 队 加 油 啦！

当 然 为 蓝 队 加 油 啦！

yùn	yùn	yùn	yùn	yùn				
运	运	运	运	运				
dòng	dòng	dòng	dòng	dòng				
动	动	动	动	动				
zú	zú	zú	zú	zú				
足	足	足	足	足				
qiú	qiú	qiú	qiú	qiú				
球	球	球	球	球				
pīng	pīng	pīng	pīng	pīng				
乒	乒	乒	乒	乒				
pāng	pāng	pāng	pāng	pāng				
乓	乓	乓	乓	乓				
duì	duì	duì	duì	duì				
队	队	队	队	队				
jiā	jiā	jiā	jiā	jiā				
加	加	加	加	加				
yóu	yóu	yóu	yóu	yóu				
油	油	油	油	油				
píng	píng	píng	píng	píng				
平	平	平	平	平				

21 你的爱好是什么？

• 여러 가지 취미와 특기, 여가 활동들의 종류를 알아봅시다.
• 취미와 특기를 표현하는 방법들을 익혀 봅시다.
• 자신의 취미와 특기, 여가 활동을 소개하여 봅시다.

취미, 특기, 여가 활동

画画儿　huà huàr　그림을 그리다

听音乐　tīng yīnyuè　음악을 듣다

看电影　kàn diànyǐng　영화를 보다

看漫画　kàn mànhuà　만화를 보다

弹钢琴　tán gāngqín　피아노를 치다

拉小提琴　lā xiǎotíqín　바이올린을 켜다

吹长笛　chuī chángdí　플룻을 불다

爬山　páshān　등산하다

下围棋　xià wéiqí　바둑을 두다

玩电脑游戏　wán diànnǎoyóuxì
　　　　　　컴퓨터게임을 하다

① nǐ de ài hào shì shén me
你 的 爱 好 是 什 么？

wǒ de ài hào shì tán gāng qín
我 的 爱 好 是 弹 钢 琴。

② nǐ yǒu shén me ài hào
你 有 什 么 爱 好？

wǒ xǐ huan huà huàr yě xǐ
我 喜 欢 画 画 儿，也 喜
huan tīng yīn yuè
欢 听 音 乐。

③ nǐ jiě jie de tè cháng shì shén me
你 姐 姐 的 特 长 是 什 么？

shì chàng gē tā chàng de hěn hǎo
是 唱 歌，她 唱 得 很 好。

④ tā xià qí de shuǐ píng zěn me yàng
他 下 棋 的 水 平 怎 么 样？

tā de shuǐ píng hěn gāo
他 的 水 平 很 高。

낱 | 말 | 풀 | 이

①

1) **爱好** àihào: 취미, 기호

• 악기 연주 동작
*弹 tán : (피아노, 기타 등을 손가락으로) 치다, 튕기다, 타다
*拉 lā : (바이올린, 첼로 등을) 켜다
*吹 chuī : (피리, 플룻 등을) 불다
*敲 qiāo / 打 dǎ : (북, 징 등을) 두드리다, 치다

③

2) **特长** tècháng: 장기, 특기
3) **唱歌** chànggē: 노래를 부르다

④

4) **下棋** xiàqí: '바둑을 두다'는 '下围棋'이고 '장기를 두다'는 '下象棋' xià xiàngqí인데, 보통 줄여서 '下棋'라고 한다. 구체적으로 어떤 것인지는 실제상황에 따라 판단한다.
5) **水平** shuǐpíng: 수준

⑤

nǐ dì di duì shén me gǎn xìng qù
你 弟 弟 对 什 么 感 兴 趣？

tā duì diàn nǎo yóu xì hěn gǎn xìng qù
他 对 电 脑 游 戏 很 感 兴 趣。

⑥

nǐ mèi mei zuì ài zuò shén me
你 妹 妹 最 爱 做 什 么？

wǒ mèi mei zuì ài kàn màn huà shū
我 妹 妹 最 爱 看 漫 画 书。

⑦

nǐ gē ge xǐ huan zuò shén me
你 哥 哥 喜 欢 做 什 么？

xǐ huan kàn qiú sài tā shì ge qiú mí
喜 欢 看 球 赛，他 是 个 球 迷。

⑧

zhōu mò nǐ yì bān zuò shén me
周 末 你 一 般 做 什 么？

yǒu shí qù kàn diàn yǐng yǒu shí qù
有 时 去 看 电 影，有 时 去

pá shān
爬 山。

---

⑤

6) 对 duì: ～에 대하여, ～에게

7) 感 gǎn: 느끼다

8) 兴趣 xìngqù: 흥미

☞ 我对汽车感兴趣。

wǒ duì qìchē gǎn xìngqù

－저는 자동차에 흥미를 느껴요.

⑦

9) 球赛 qiúsài: 구기 시합

10) 迷 mí: 애호가, 광, 팬

• 球迷 qiúmí －야구, 축구 등의 구기광

⑧

11) 周末 zhōumò: 주말

12) 有时 yǒushí: 어떤 때는, 때로는

－'有的时候' yǒude shíhou 이라고도 한다. 주로 두 번 반복하여 사용한다.

☞ 天气有时冷，有时热。

tiānqì yǒushí lěng, yǒushí rè

－날씨가 어떤 때는 춥고, 어떤 때는 더워요.

敲架子鼓

qiāo jiàzigǔ

드럼을 치다

拉大提琴

lā dàtíqín

첼로를 켜다

弹吉他

tán jítā

기타를 치다

练书法

liàn shūfǎ

서예를 연습하다

养宠物

yǎng chǒngwù

애완동물을
기르다

下国际象棋

xià guójì xiàngqí

체스를 하다

跳芭蕾舞

tiào bālěiwǔ

발레를 하다

跳街舞

tiào jiēwǔ

힙합을 추다

1 취미가 무엇인지 묻고 대답해 봅시다.

〈你 的 爱 好 是 什 么？〉

我 的 爱 好 是 弹 钢 琴。
我 的 爱 好 是 拉 小 提 琴。
我 的 爱 好 是 画 画 儿。
我 的 爱 好 是 爬 山。

2 어떠한 취미를 가지고 있는지 묻고, 두 가지 이상 대답해 봅시다.

〈你 有 什 么 爱 好？〉

我 喜 欢 画 画 儿，也 喜 欢 听 音 乐。
我 喜 欢 看 电 影，也 喜 欢 看 电 视。
我 喜 欢 弹 吉 他，也 喜 欢 跳 街 舞。
我 喜 欢 吹 长 笛，也 喜 欢 下 围 棋。

3 어떤 사람의 특기가 무엇인지, 그 수준이 어떠한지 이야기해 봅시다.

〈她 的 特 长 是 什 么？〉

是 唱 歌，她 唱 得 很 好。
是 跳 舞，她 跳 得 挺 好。

是 拉 大 提 琴， 她 拉 得 非 常 好。
是 画 画 儿， 她 画 得 特 别 好。

4 취미나 특기의 수준이 어떠한지 묻고 대답해 봅시다.

〈他（下棋）的 水 平 怎 么 样？〉

他 的 水 平 很 高。
他 的 水 平 不 太 高。
他 的 水 平 不 高。
他 的 水 平 一 般。

5 어떠한 분야에 관심이 있는지 묻고 대답해 봅시다.

〈你 对 什 么 感 兴 趣？〉

我 对 电 脑 游 戏 很 感 兴 趣。
我 对 中 国 电 影 很 感 兴 趣。
我 对 汉 语 很 感 兴 趣。
我 对 跆 拳 道 很 感 兴 趣。

ài 爱	ài 爱	ài 爱	ài 爱	ài 爱			
yīn 音	yīn 音	yīn 音	yīn 音	yīn 音			
qí 棋	qí 棋	qí 棋	qí 棋	qí 棋			
tán 弹	tán 弹	tán 弹	tán 弹	tán 弹			
gāng 钢	gāng 钢	gāng 钢	gāng 钢	gāng 钢			
qín 琴	qín 琴	qín 琴	qín 琴	qín 琴			
chàng 唱	chàng 唱	chàng 唱	chàng 唱	chàng 唱			
gē 歌	gē 歌	gē 歌	gē 歌	gē 歌			
lā 拉	lā 拉	lā 拉	lā 拉	lā 拉			
chuī 吹	chuī 吹	chuī 吹	chuī 吹	chuī 吹			

第二十二课

22　汉语课有意思

- 학교에서 공부하는 교과목의 이름을 알아봅시다.
- 학교 생활과 관련된 낱말들을 익혀 봅시다.
- 자신의 학교 생활을 소개하여 봅시다.

교과목

国语	guóyǔ	국어
汉语	hànyǔ	중국어
英语	yīngyǔ	영어
数学	shùxué	수학
体育	tǐyù	체육
科学	kēxué	과학
社会	shèhuì	사회
美术	měishù	미술
音乐	yīnyuè	음악
电脑	diànnǎo	컴퓨터

학교 생활과 관련된 낱말

班主任	bānzhǔrèn	담임 선생님
课外活动	kèwài huódòng	특별 활동
课间休息	kèjiān xiūxi	쉬는 시간
考试	kǎoshì	시험(을 치다)
打铃	dǎlíng	종이 울리다
课程表	kèchéngbiǎo	시간표
课本	kèběn	교과서

1

hàn yǔ nán bu nán
汉 语 难 不 难？

hàn yǔ bù nán hái hěn yǒu yì si ne
汉 语 不 难，还 很 有 意 思 呢！

2

nǎ wèi lǎo shī jiāo nǐ men shù xué
哪 位 老 师 教 你 们 数 学？

jīn lǎo shī jiāo wǒ men shù xué
金 老 师 教 我 们 数 学。

3

jīn tiān dì èr jié shì shén me kè
今 天 第 二 节 是 什 么 课？

shì yīn yuè kè
是 音 乐 课。

4

zhè xué qī nǐ men xué jǐ mén kè
这 学 期 你 们 学 几 门 课？

wǒ men xué bā mén kè
我 们 学 八 门 课！

낱 | 말 | 풀 | 이

1

1) 难 nán: 어렵다

2) 有意思 yǒu yìsi: 재미있다

3) 呢 ne: 여기서는 약간의
과장이나 강조의 어감을 나타
낸다.

2

4) 教 jiāo: 가르치다
단독으로 쓰일 때는 1성으로
발음하지만 다음절 낱말로 쓰
일 때는 4성으로 발음한다.
☞ 教室 jiàoshì -교실

3

5) 节 jié: 단락지어진 것을
세는데 쓰는 양사인데 여기서
는 '교시' 라는 의미이다.
☞ 三节课 sān jié kè
 - 3시간의 수업
☞ 第三节 dì sān jié
 - 제 3교시

4

6) 学期 xuéqī: 학기

7) 门 mén: 학문, 기술 등을
세는데 쓰는 양사로 '가지',
'과목' 이라는 의미이다.
☞ 两门课 liǎng mén kè
 -두 과목

⑥

⑦

⑧

⑤

8) 进 jìn：（밖에서 안으로）
들어오다, 들어가다

⑥

9) 刚 gāng：막, 바로
－어떤 동작이나 상황이 일어
난지 오래되지 않음을 나타
낸다.
☞ 我刚回来。wǒ gāng huílai
－저는 지금 막 돌아 왔어요.
10) 转来 zhuǎnlái：전학오다
11) 新 xīn：새롭다
12) 李强 lǐqiáng：사람 이름
13) 欢迎 huānyíng：환영
（하다）

⑧

14) 听写 tīngxiě：받아쓰기
（를 하다）
15) 得 dé：얻다, 획득하다
16) 分 fēn：（학업 성적, 스포
츠 따위의）점, 점수
17) 句子 jùzi：문（장）, 구

xīng qī yī dì liù jié shì shén me kè

星期一第六节是什么课？

월요일 제 6교시는 무슨 과목입니까？

xīng qī sān yí gòng yǒu jǐ mén kè

星期三一共有几门课？

수요일에는 모두 몇 과목이 있습니까？

yì zhōu yǒu jǐ jié hàn yǔ kè

一周有几节汉语课？

일주일에 중국어 수업이 몇 교시가 있습니까？

1 중국어가 쉬운지 어려운지 서로 묻고 대답해 봅시다.

〈汉语难不难？〉

汉语不难，还很有意思呢！
汉语不太难。
汉语有点儿难。
汉语很难。

2 오늘은 몇 교시에 어떤 과목을 배우는지 말해 봅시다.

今天第一节是科学课。
今天第二节是音乐课。
今天第三节是体育课。
今天第四节是社会课。

3 어떤 일을 할 시간이 다 되었는지 물어봅시다.

上课的时间到了吗？
已经打铃了，快进教室吧。

考试的时间到了吗？
马上就到了，快进教室吧。

下 课 的 时 间 到 了 吗 ？
没 到，还 差 五 分 钟。

吃 饭 的 时 间 到 了 吗 ？
没 到，还 差 一 刻 钟。

4 내일은 몇 과목의 시험이 있는지 묻고 대답해 봅시다.

〈 明 天 你 有 几 门 考 试 ？ 〉

明 天 有 两 门 考 试。
明 天 还 有 两 门 考 试。
明 天 只 有 一 门 考 试。
明 天 没 有 考 试。

5 오늘 받아쓰기 시험에서 몇 점을 받았는지 묻고 대답해 봅시다.

〈 你 今 天 听 写 得 了 多 少 分 ？ 〉

我 都 对 了，得 了 一 百 分。
我 错 了 一 个 句 子，得 了 90 分。
我 错 了 两 个 字，得 了 80 分。
我 只 得 了 70 分。

kǎo	kǎo	kǎo	kǎo	kǎo					
考	考	考	考	考					
shì	shì	shì	shì	shì					
试	试	试	试	试					
nán	nán	nán	nán	nán					
难	难	难	难	难					
jiào	jiào	jiào	jiào	jiào					
教	教	教	教	教					
shì	shì	shì	shì	shì					
室	室	室	室	室					
bān	bān	bān	bān	bān					
班	班	班	班	班					
yǐ	yǐ	yǐ	yǐ	yǐ					
已	已	已	已	已					
jīng	jīng	jīng	jīng	jīng					
经	经	经	经	经					
dé	dé	dé	dé	dé					
得	得	得	得	得					
yǔ	yǔ	yǔ	yǔ	yǔ					
语	语	语	语	语					

23 我感冒了

- 주요 신체 부위의 이름을 알아봅시다.
- 질병과 관련된 낱말들을 익혀 봅시다.
- 의사에게 몸의 상태를 설명하는 방법을 익혀 봅시다.

몸이 아파요 !

身体　shēntǐ　몸, 신체

病　bìng　병(나다)

疼　téng　아프다

感冒　gǎnmào　감기(에 걸리다)

发烧　fāshāo　열이 나다

流鼻涕　liú bíti　콧물이 흐르다

咳嗽　késou　기침하다

拉肚子　lā dùzi　설사하다

吐　tù　토하다

肿　zhǒng　붓다

看病　kànbìng　진찰받다

量体温　liáng tǐwēn　체온을 재다

吃药　chīyào　약을 먹다

打针　dǎzhēn　주사를 맞다

住院　zhùyuàn　입원하다

出院　chūyuàn　퇴원하다

手术　shǒushù　수술하다

nǐ zěn me le
你 怎 么 了？

wǒ tóu téng hái yǒu diǎnr fā shāo
我 头 疼，还 有 点 儿 发 烧。

cóng shén me shí hou kāi shǐ de
从 什 么 时 候 开 始 的？

cóng zuó tiān wǎn shang kāi shǐ de
从 昨 天 晚 上 开 始 的。

nǐ qù kàn bìng le ma
你 去 看 病 了 吗？

méi yǒu wǒ zhǐ chī le diǎnr yào
没 有，我 只 吃 了 点 儿 药。

lǎo shī wǒ kě yǐ qǐng jià qù yī
老 师，我 可 以 请 假 去 医
yuàn ma
院 吗？

kě yǐ nǐ gǎn kuài qù kàn bìng ba
可 以，你 赶 快 去 看 病 吧。

낱 | 말 | 풀 | 이

1

1) **怎么了？** zěnme le : 왜 그러니?, 무슨 일이니?

2) **头** tóu : 머리

2

3) **开始** kāishǐ : 시작하다

4

4) **可以** kěyǐ : ~해도 좋다, ~해도 된다
- 허가를 나타낸다.
☞ **我可以进来吗?**
　 wǒ kěyǐ jìnlái ma
　 – 들어가도 되나요?

5) **请假** qǐngjià : (조퇴, 결석, 휴가 등의) 허가를 받다, 휴가를 신청하다

6) **赶快** gǎnkuài : 빨리, 얼른

5

nǐ nǎr bù shū fu
你 哪儿 不 舒服？

wǒ yǒu diǎnr ké sou
我 有 点儿 咳 嗽。

6

sǎng zi téng ma
嗓 子 疼 吗？

téng de lì hai
疼 得 厉 害。

7

wǒ dé le shén me bìng
我 得 了 什 么 病？

nǐ gǎn mào le
你 感 冒 了。

8

xiān dǎ yì zhēn huí jiā hòu àn shí
先 打 一 针，回 家 后 按 时
chī yào
吃 药。

zhī dao le xiè xie dài fu
知 道 了，谢 谢 大 夫！

5

7) **舒服** shūfu：(몸이나 마음이) 편안하다, 상쾌하다, 쾌적하다

6

8) **嗓子** sǎngzi：목(구멍)
9) **厉害** lìhai：대단하다, 심하다

7

10) **得病** débìng：병에 걸리다

8

11) **先** xiān：먼저, 우선
12) **后** hòu：나중, ~ 후에
13) **按时** ànshí：제 시간에, 제때에
☞ **我按时到学校了。**
　(wǒ ànshí dào xuéxiào le)
　-저는 제 시간에 학교에 도착했어요.
14) **大夫** dàifu：의사

脸 liǎn
얼굴

鼻子 bízi
코

嘴 zuǐ
입

肚子 dùzi
배

耳朵 ěrduo
귀

脖子 bózi
목

肩膀 jiānbǎng
어깨

胳膊 gēbo
팔

手 shǒu
손

眉毛 méimao
눈썹

眼睛 yǎnjing
눈

头 tóu
머리

头发 tóufa
머리카락

背 bèi
등

腰 yāo
허리

屁股 pìgu
엉덩이

腿 tuǐ
다리

脚 jiǎo
발

1 어디가 어떻게 아픈지 증상을 설명해 봅시다.

〈你哪儿不舒服？〉

我头疼，还有点儿发烧。
我肚子疼，还有点儿拉肚子。
我腿疼，还有点儿肿。
我嗓子疼，还有点儿咳嗽。

2 언제부터 시작된 것인지 묻고 대답해 봅시다.

〈从什么时候开始的？〉

从昨天晚上开始的。
从今天早上开始的。
从前几天开始的。
从一个星期之前开始的。

3 조퇴나 결석을 하려 할 때 그 이유를 설명하여 동의를 구해 봅시다.

我可以请假去医院吗？
可以，你赶快去医院吧。

我可以请假去看病吗？

可以，你赶快去看病吧。

我可以请假去打针吗？
可以，你赶快去打针吧。

我可以请假去医务室吗？
可以，你赶快去医务室吧。

4 많이 아픈지 물었을 때 그 아픈 정도를 이야기해 봅시다.

〈疼得厉害吗？〉

疼得很厉害。
特别疼。
不太疼。
有点儿疼。

5 의사가 어떠한 주의사항을 주었는지 이야기해 봅시다.

回家后按时吃药。
回家后按时吃饭。
出院后按时睡觉。
出院后按时打针。

shēn	shēn	shēn	shēn	shēn					
身	身	身	身	身					
tǐ	tǐ	tǐ	tǐ	tǐ					
体	体	体	体	体					
bìng	bìng	bìng	bìng	bìng					
病	病	病	病	病					
téng	téng	téng	téng	téng					
疼	疼	疼	疼	疼					
gǎn	gǎn	gǎn	gǎn	gǎn					
感	感	感	感	感					
mào	mào	mào	mào	mào					
冒	冒	冒	冒	冒					
zhēn	zhēn	zhēn	zhēn	zhēn					
针	针	针	针	针					
yào	yào	yào	yào	yào					
药	药	药	药	药					
zhī	zhī	zhī	zhī	zhī					
知	知	知	知	知					
fā	fā	fā	fā	fā					
发	发	发	发	发					

24 飞机比火车快

- 의미가 서로 반대되는 낱말들을 알아봅시다.
- '比'와 '没有'를 사용하여 비교하는 방법을 익혀 봅시다.
- '一样'과 '差不多'를 사용하여 비교하는 방법을 익혀 봅시다.

비교하기

男 nán 남자 ↔ 女 nǚ 여자

高 gāo 높다 ↔ 低 dī 낮다

长 cháng 길다 ↔ 短 duǎn 짧다

重 zhòng 무겁다 ↔ 轻 qīng 가볍다

胖 pàng 뚱뚱하다 ↔ 瘦 shòu 야위다

快 kuài 빠르다 ↔ 慢 màn 느리다

早 zǎo 이르다 ↔ 晚 wǎn 늦다

干净 gānjìng 깨끗하다 ↔ 脏 zāng 더럽다

容易 róngyì 쉽다 ↔ 难 nán 어렵다

粗 cū 굵다 ↔ 细 xì 가늘다

深 shēn 깊다 ↔ 浅 qiǎn 얕다

fēi jī bǐ huǒ chē kuài
飞 机 比 火 车 快。

duì huǒ chē bǐ fēi jī màn duō le
对，火 车 比 飞 机 慢 多 了。

nǐ hé lì li shéi de gè zi gāo
你 和 丽 丽 谁 的 个 子 高？

lì li bǐ wǒ gāo yì diǎnr
丽 丽 比 我 高 一 点 儿。

nǐ hé dōng dong shéi de nián líng dà
你 和 东 东 谁 的 年 龄 大？

wǒ bǐ tā dà liǎng suì
我 比 他 大 两 岁。

lì li de yǔ sǎn gēn nǐ de yí
丽 丽 的 雨 伞 跟 你 的 一

yàng ma
样 吗？

gēn wǒ de bù yí yàng
跟 我 的 不 一 样。

낱｜말｜풀｜이

1

1) **比** bǐ: ～보다, ～에 비해서

☞ A: 他比你高吧?
tā bǐ nǐ gāo ba

B: 不，他不比我高。
bù, tā bù bǐ wǒ gāo

-A : 그가 너보다 키가 크지?
 B : 아니요, 그가 저보다
더 크지는 않아요.

2

2) **个子** gèzi: 키
- 키가 작다는 **矮** ǎi 라 한다.

3

3) **年龄** niánlíng: 나이

4

4) **一样** yíyàng: 같다
• **跟～ 一样** gēn～yíyàng:
 ～와 같다

⑤

nǐ hé gē ge shéi de hàn yǔ hǎo
你 和 哥 哥 谁 的 汉 语 好？

wǒ méi yǒu gē ge de hàn yǔ hǎo
我 没 有 哥 哥 的 汉 语 好。

⑥

jīn tiān zán men bān shéi lái de zuì zǎo
今 天 咱 们 班 谁 来 得 最 早？

lì li lái de zuì zǎo
丽 丽 来 得 最 早。

⑦

nǐ pǎo de kuài hái shi gē ge pǎo
你 跑 得 快 还 是 哥 哥 跑
de kuài
得 快？

gē ge pǎo de bǐ wǒ kuài
哥 哥 跑 得 比 我 快。

⑧

lì li hé dōng dong shéi de chéng jì
丽 丽 和 东 东 谁 的 成 绩
hǎo
好？

tā men liǎ chà bu duō
他 们 俩 差 不 多。

尺 子 比 铅 笔 长。

chǐzi bǐ qiānbǐ cháng

자는 연필보다 길다.

大 象 比 小 狗 重。

dàxiàng bǐ xiǎogǒu zhòng

코끼리는 강아지보다 무겁다.

男 人 比 女 人 胖。

nánrén bǐ nǔrén pàng

남자는 여자보다 뚱뚱하다.

茄 子 比 黄 瓜 粗。

qiézi bǐ huángguā cū

가지는 오이보다 굵다.

三 棵 树 一 样 高。

sān kē shù yíyàng gāo

세 그루의 나무가 똑같이 크다.

1 다음 교통 수단의 빠르기를 비교해 봅시다.

飞 机 比 火 车 快。

地 铁 比 出 租 车 快。

自 行 车 比 摩 托 车 慢。

船 比 汽 车 慢。

2 두 사람의 신체를 비교해 보는 질문을 익혀 봅시다.

你 和 丽 丽 谁 的 个 子 高？

你 和 丽 丽 谁 的 眼 睛 大？

你 和 丽 丽 谁 的 腿 长？

你 和 丽 丽 谁 的 身 体 好？

3 형제 자매나 친구들과 서로의 나이를 비교해 봅시다.

我 比 弟 弟 大 两 岁。

我 比 姐 姐 小 一 岁。

姐 姐 比 弟 弟 大 三 岁。

我 和 东 东 一 样 大。

4 다음 물음에 대한 여러 가지 대답을 익혀 봅시다.

〈丽丽的雨伞跟你的一样吗？〉

跟我的不一样。
跟我的不太一样。
跟我的差不多。
跟我的一样。

5 '得'와 '还是'를 써서 누가 더 ～ 한지를 물어 봅시다.

你跑得快还是他跑得快？
我跑得比他快。

你来得早还是他来得早？
他来得比我早。

我读得好还是她读得好？
她读得比你好。

我写得漂亮还是她写得漂亮？
你写得比她漂亮。

nán	nán	nán	nán	nán					
男	男	男	男	男					
chà	chà	chà	chà	chà					
差	差	差	差	差					
gāo	gāo	gāo	gāo	gāo					
高	高	高	高	高					
dī	dī	dī	dī	dī					
低	低	低	低	低					
cháng	cháng	cháng	cháng	cháng					
长	长	长	长	长					
duǎn	duǎn	duǎn	duǎn	duǎn					
短	短	短	短	短					
zhòng	zhòng	zhòng	zhòng	zhòng					
重	重	重	重	重					
qīng	qīng	qīng	qīng	qīng					
轻	轻	轻	轻	轻					
kuài	kuài	kuài	kuài	kuài					
快	快	快	快	快					
màn	màn	màn	màn	màn					
慢	慢	慢	慢	慢					

25 你上网吗？

- 인터넷과 관련된 낱말들을 익혀 봅시다.
- 컴퓨터 문서 작성과 관련된 낱말들을 익혀 봅시다.
- 인터넷 사이트 주소를 표현하는 방법을 익혀 봅시다.

인터넷

上网	shàngwǎng	인터넷하다
网站	wǎngzhàn	인터넷 사이트
网址	wǎngzhǐ	사이트 주소
电子邮件	diànzǐ yóujiàn	이메일
用户名	yònghùmíng	아이디
密码	mìmǎ	비밀번호
登录	dēnglù	로그인
主页	zhǔyè	홈페이지
病毒	bìngdú	바이러스
下载	xiàzǎi	다운로드

컴퓨터 문서 작성

打开	dǎkāi	열기
保存	bǎocún	저장
打印	dǎyìn	인쇄
删除	shānchú	삭제
剪切	jiǎnqiē	오리기
复制	fùzhì	복사하기
粘贴	zhāntiē	붙이기

nǐ yì bān yòng diàn nǎo zuò shén me
你 一 般 用 电 脑 做 什 么 ？

wǒ yòng diàn nǎo shàng wǎng　dǎ wén jiàn
我 用 电 脑 上 网、打 文 件。

2

nǐ shàng wǎng zuò shén me
你 上 网 做 什 么 ？

wǒ shàng wǎng shōu fā yóu jiàn
我 上 网 收 发 邮 件。

3

gào su wǒ nǐ de diàn zǐ yóu xiāng
告 诉 我 你 的 电 子 邮 箱
dì zhǐ hǎo ma
地 址 好 吗 ？

hǎo a　　yǐ hòu zán men duō lián xì
好 啊！以 后 咱 们 多 联 系。

4

nǐ zhī dao wǒ men xué xiào de wǎng
你 知 道 我 们 学 校 的 网
zhǐ ma
址 吗 ？

zhī dao　wǎng zhǐ shì
知 道，网 址 是 www.kisb.net。

낱 | 말 | 풀 | 이

1

1) **用** yòng : 사용하다
2) **电脑** diànnǎo : 컴퓨터
3) **打文件** dǎ wénjiàn : 문서를 작성하다

2

4) **收** shōu : 받다
5) **发** fā : 보내다
- 이메일을 **伊妹儿** yīmèir 이라고 하기도 한다.

3

6) **电子邮箱** diànzǐ yóuxiāng : 전자 우편함
7) **地址** dìzhǐ : 주소
8) **联系** liánxì : 연락하다

4

- 사이트 주소를 읽을 때, 알파벳은 그 발음대로 읽고, 점은 diǎnr이라고 읽는다. www는 'sān w'라고 읽기도 한다.

5

zěn me bàn？ wǒ wàng le mì mǎ
怎么办？我忘了密码。

nǐ zài hǎo hāor xiǎng yi xiǎng
你再好好儿想一想。

6

wǒ bù xiǎo xīn shān diào le nà fèn
我不小心删掉了那份
wén jiàn
文件。

wǒ yǒu gěi nǐ fù zhì yí fèn ba
我有，给你复制一份吧。

7

wǒ de diàn nǎo hǎo xiàng rǎn shàng le
我的电脑好像染上了
bìng dú
病毒。

yòng shā dú ruǎn jiàn shā sha dú ba
用杀毒软件杀杀毒吧。

8

qǐng bāng wǒ xià zǎi jǐ zhāng tú piàn
请帮我下载几张图片，
hǎo ma
好吗？

hǎo wǒ bāng nǐ xià zǎi ba
好，我帮你下载吧。

5

9) 办 bàn: ～을 하다, 처리하다

10) 忘 wàng: 잊다

11) 好好儿 hǎohāor: 잘, 충분히

12) 想 xiǎng: 생각하다

6

13) 掉 diào: ～해 버리다
-동사 뒤에서 소실이나 변화의 뜻을 나타낸다.

14) 份 fèn: 파일이나 신문을 세는 양사

7

15) 好像 hǎoxiàng: 마치 ～와 같다

16) 染 rǎn: 감염되다

17) 上 shàng: 동사 뒤에서, 어떤 사물이 다른 한 사물에 붙는 어감을 나타낸다.

18) 杀 shā: 죽이다

19) 软件 ruǎnjiàn: 소프트웨어

8

20) 图片 túpiàn: 그림, 사진

显示器
xiǎnshìqì
모니터

键盘
jiànpán
자판

主机
zhǔjī
본체

开关
kāiguān
전원

鼠标
shǔbiāo
마우스

耳机
ěrjī
이어폰

打印机
dǎyìnjī
프린터

音箱
yīnxiāng
스피커

光盘
guāngpán
CD

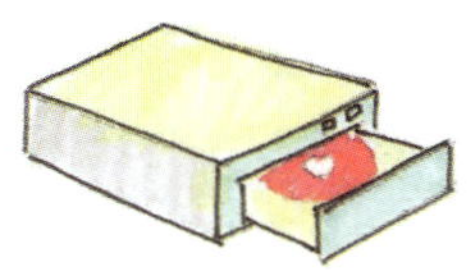

光驱
guāngqū
CD 롬 드라이브

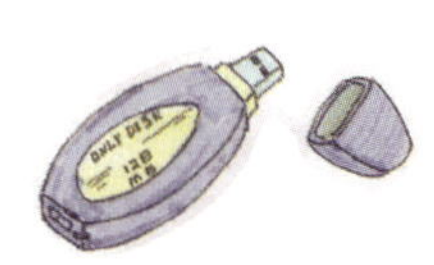

U 盘
U pán
이동 디스크

1 컴퓨터를 사용하여 주로 어떠한 일들을 하는지 알아봅시다.

〈你 一 般 用 电 脑 做 什 么？〉

我 用 电 脑 上 网、打 文 件。
我 用 电 脑 学 英 语。
我 用 电 脑 画 画 儿。
我 用 电 脑 练 打 字。

2 인터넷에 접속하여 어떠한 일들을 하는지 알아봅시다.

〈你 上 网 做 什 么？〉

我 上 网 收 发 邮 件。
我 上 网 聊 天。
我 上 网 下 载 图 片。
我 上 网 查 资 料。

3 '再好好儿'을 써서 '다시 잘 ~ 해 보세요.'라고 말해 봅시다.

你 再 好 好 儿 想 一 想。
你 再 好 好 儿 写 一 写。
你 再 好 好 儿 读 一 读。
你 再 好 好 儿 听 一 听。

4 '好像'을 써서 '마치 ~ 한 것 같다'라는 표현을 해 봅시다.

我的电脑好像染上了病毒。
我的显示器好像坏了。
我的密码好像错了。
我的手表好像慢了。

5 '请帮我~, 好吗?'를 써서 '~ 좀 해 주시겠어요?'라는 표현으로 묻고 대답해 봅시다.

请帮我下载几张图片, 好吗?
好, 我帮你下载吧。

请帮我打印几份文件, 好吗?
好, 我帮你打印吧。

请帮我打开电脑, 好吗?
好, 我帮你打开吧。

请帮我关上主机, 好吗?
好, 我帮你关上吧。

yìn	yìn	yìn	yìn	yìn				
印	印	印	印	印				
nǎo	nǎo	nǎo	nǎo	nǎo				
脑	脑	脑	脑	脑				
wǎng	wǎng	wǎng	wǎng	wǎng				
网	网	网	网	网				
zhǔ	zhǔ	zhǔ	zhǔ	zhǔ				
主	主	主	主	主				
yè	yè	yè	yè	yè				
页	页	页	页	页				
bǎo	bǎo	bǎo	bǎo	bǎo				
保	保	保	保	保				
cún	cún	cún	cún	cún				
存	存	存	存	存				
zhàn	zhàn	zhàn	zhàn	zhàn				
站	站	站	站	站				
yóu	yóu	yóu	yóu	yóu				
邮	邮	邮	邮	邮				
jiàn	jiàn	jiàn	jiàn	jiàn				
件	件	件	件	件				

26 你别生气

• 사람의 감정을 나타내는 낱말들을 익혀 봅시다.
• 상황에 적절한 감정의 표현법을 익혀 봅시다.
• 가장 인상 깊었던 일을 이야기하고, 그때 받았던 느낌을 말하여 봅시다.

감정 표현

笑	xiào	웃다	紧张	jǐnzhāng	긴장하다
哭	kū	울다	难过	nánguò	괴롭다, 슬프다
高兴	gāoxìng	기쁘다	失望	shīwàng	실망하다
幸福	xìngfú	행복하다	伤心	shāngxīn	상심하다
快乐	kuàilè	즐겁다	害羞	hàixiū	부끄러워하다
开心	kāixīn	유쾌하다			
感动	gǎndòng	감동하다			
激动	jīdòng	감격하다			
兴奋	xīngfèn	흥분하다			
吃惊	chījīng	놀라다			
生气	shēngqì	화나다			
担心	dānxīn	걱정하다			
害怕	hàipà	무서워하다			

nǐ zěn me zhè me gāo xìng a
你 怎 么 这 么 高 兴 啊 ？

wǒ hàn yǔ kǎo shì dé le yì bǎi fēn
我 汉 语 考 试 得 了 一 百 分 ！

②

yóu lè yuán hǎo wán ma
游 乐 园 好 玩 吗 ？

hěn hǎo wán wǒ wán de hěn kāi xīn
很 好 玩 ，我 玩 得 很 开 心 。

③

nǐ wèi shén me kū a
你 为 什 么 哭 啊 ？

zhè bù xiǎo shuō tài ràng wǒ gǎn dòng le
这 部 小 说 太 让 我 感 动 了 。

④

wǒ hòu tiān jiù yào huí hán guó le
我 后 天 就 要 回 韩 国 了 。

shì ma wǒ xīn li hěn nán guò
是 吗 ？我 心 里 很 难 过 。

낱 | 말 | 풀 | 이

①
1) **这么** zhème : 이렇게
2) **啊** a : 의문문의 끝에 사용하는 어기사

②
3) **游乐园** yóulèyuán : 놀이공원
4) **好玩** hǎowán : 재미있다, 놀기가 좋다
- '玩'은 보통 '玩儿' wánr 로 발음한다.

③
5) **部** bù : 편
- 소설, 영화 등을 세는 양사
6) **小说** xiǎoshuō : 소설

④
7) **就要** jiùyào : 곧, 멀지않아
- 문장 끝에 '了'가 붙는다.
☞ **电影就要开始了。**
  diànyǐng jiùyào kāishǐ le
  -영화가 곧 시작하려고 해요.
8) **心里** xīnli : 마음속

5

nǐ bǎ wǒ de shū nòng zāng le
你把我的书弄脏了！

duì bu qǐ nǐ bié shēng qì
对不起，你别生气。

6

mǎ shàng jiù yào bǐ sài le wǒ hěn
马上就要比赛了，我很
jǐn zhāng
紧张。

bié dān xīn nǐ yí dìng xíng
别担心，你一定行！

7

zhè cì qiú sài wǒ men shū le wǒ
这次球赛我们输了，我
hěn shī wàng
很失望。

bú yào jǐn yǐ hòu hái yǒu jī huì
不要紧，以后还有机会。

8

dōng dong de xīn qíng bú tài hǎo ba
东东的心情不太好吧？

tā bù tīng huà lǎo shī pī píng le tā
他不听话，老师批评了他。

5

9) 把 bǎ: ～을
☞ 把桌子擦擦。
  bǎ zhuōzi cāca
  -책상을 좀 닦아라.
10) 弄 nòng: 하다, 만들다
☞ 他把我的表弄坏了。
  tā bǎ wǒde biǎo nòng huài le
  -그가 제 시계를 고장냈어요.

6

11) 马上 mǎshàng: 곧, 즉시
12) 行 xíng: 여기서는 '잘하
다' '훌륭하다' '유능하다' 의
뜻이다

7

13) 不要紧 búyàojǐn: 괜찮
다, 긴장할 것 없다
14) 机会 jīhuì: 기회

8

15) 心情 xīnqíng: 기분
16) 听话 tīnghuà: 말을 듣다
17) 批评 pīpíng: 꾸짖다

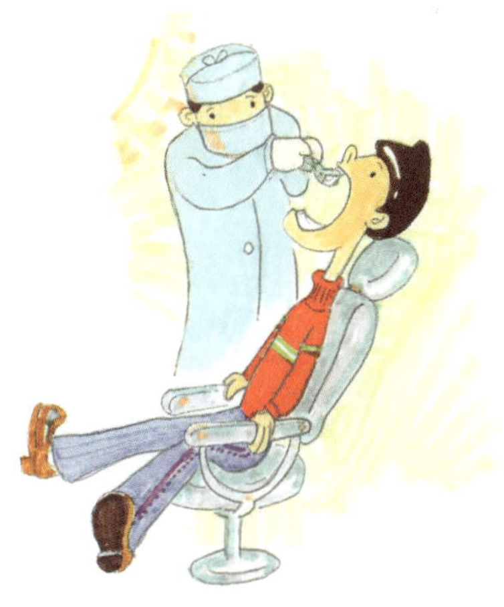

1 '怎么这么~?' 를 사용하여 '어째서 이렇게 ~하니?' 라고 물어봅시다.

你怎么这么高兴啊？

你怎么这么生气啊？

你怎么这么伤心啊？

你怎么这么紧张啊？

2 '好玩' 을 사용하여 어떤 장소나 놀이가 재미있는지 물어봅시다.

游乐园好玩吗？

儿童乐园好玩吗？

这个游戏好玩吗？

网上聊天好玩吗？

3 상대방의 기분이 좋거나 나쁜 이유를 물어봅시다.

你为什么哭啊？

这部小说太让我感动了。

你为什么笑啊？

见到你太让我高兴了。

你 为 什 么 紧 张 啊 ？
这 件 事 太 让 我 担 心 了 。

你 为 什 么 难 过 啊 ？
这 个 人 太 让 我 伤 心 了 。

4 '谁把～弄～'를 사용하여 '누가 ～을(를) ～하다'라고 표현해 봅시다.

谁 把 我 的 书 弄 脏 了 ？
谁 把 我 的 房 间 弄 脏 了 ？
谁 把 我 的 衣 服 弄 坏 了 ？
谁 把 我 的 电 脑 弄 坏 了 ？

5 지금의 내 마음이 어떠한 상태인지 설명해 봅시다.

我 心 里 很 难 过 。
我 心 里 很 激 动 。
我 心 里 很 紧 张 。
我 心 里 很 害 怕 。

xiào	xiào	xiào	xiào	xiào					
笑	笑	笑	笑	笑					
kū	kū	kū	kū	kū					
哭	哭	哭	哭	哭					
xìng	xìng	xìng	xìng	xìng					
幸	幸	幸	幸	幸					
fú	fú	fú	fú	fú					
福	福	福	福	福					
gǎn	gǎn	gǎn	gǎn	gǎn					
感	感	感	感	感					
dān	dān	dān	dān	dān					
担	担	担	担	担					
shāng	shāng	shāng	shāng	shāng					
伤	伤	伤	伤	伤					
xīn	xīn	xīn	xīn	xīn					
心	心	心	心	心					
hài	hài	hài	hài	hài					
害	害	害	害	害					
pà	pà	pà	pà	pà					
怕	怕	怕	怕	怕					

27 节日快乐！

- 중국의 주요 명절과 기념일을 알아봅시다.
- 명절 때 인사하는 방법을 익혀 봅시다.
- 중국의 명절 풍습과 우리 나라의 명절 풍습을 비교하여 봅시다.

중국의 주요 명절과 기념일

节日	jiérì	명절, 기념일	中秋节	zhōngqiūjié	추석
春节	chūnjié	설	劳动节	láodòngjié	노동절
元旦	yuándàn	양력설	国庆节	guóqìngjié	국경절

명절 인사

新年好！　xīnnián hǎo
새해 복 많이 받으세요!

过年好！　guònián hǎo
새해 복 많이 받으세요!

新年快乐！　xīnnián kuàilè
새해를 즐겁게 보내세요!

节日快乐！　jiérì kuàilè
명절을 즐겁게 보내세요!

身体健康！　shēntǐ jiànkāng
건강하세요!

万事如意!　wànshì rúyì
모든 일을 뜻하는 대로 이루세요!

1

<pre>
yī yuè yī hào shì shén me jié
一 月 一 号 是 什 么 节？
</pre>

<pre>
yáng lì yī yuè yī hào shì yuán dàn
阳 历 一 月 一 号 是 元 旦，
yīn lì yī yuè yī hào shì chūn jié
阴 历 一 月 一 号 是 春 节。
</pre>

2

<pre>
zhōng guó rén zěn me guò chūn jié
中 国 人 怎 么 过 春 节？
</pre>

<pre>
dà jiā yì qǐ chī jiǎo zi   fàng
大 家 一 起 吃 饺 子，放
biān pào
鞭 炮。
</pre>

3

<pre>
tīng shuō zhōng guó zuì zhòng yào de jié
听 说 中 国 最 重 要 的 节
rì shì chūn jié
日 是 春 节。
</pre>

<pre>
duì ya   guò chūn jié de shí hou kě
对 呀，过 春 节 的 时 候 可
rè nao le
热 闹 了。
</pre>

4

<pre>
guò nián hǎo   wàn shì rú yì
过 年 好，万 事 如 意！
</pre>

<pre>
xiè xie zhù nǐ xué xí jìn bù
谢 谢，祝 你 学 习 进 步！
</pre>

낱 | 말 | 풀 | 이

1

1) **阳历** yánglì: 양력
2) **阴历** yīnlì: 음력

2

3) **过** guò:（명절을）쇠다, 지내다
☞ **过节** guòjié
  - 명절을 지내다
☞ **过年** guònián
  - 설을 쇠다
4) **一起** yìqǐ: 같이, 함께
5) **饺子** jiǎozi: 반달 모양의 만두
6) **放鞭炮** fàng biānpào: 폭죽을 터뜨리다

3

7) **听说** tīngshuō: 듣자하니
8) **重要** zhòngyào: 중요하다
9) **可** kě: 감탄문에 쓰여 어조를 강하게 한다.
10) **热闹** rènao: 번화하다, 시끌벅적하다

4

11) **祝** zhù: 축원하다
12) **进步** jìnbù: 진보(하다)

5

zhōng guó hái yǒu nǎ xiē zhòng yào de
中 国 还 有 哪 些 重 要 的
jié rì
节 日 ？

yǒu zhōng qiū jié guó qìng jié děng
有 中 秋 节、 国 庆 节 等。

6

zhōng guó guò zhōng qiū jié yǒu shén me
中 国 过 中 秋 节 有 什 么
xí sú
习 俗 ？

yì jiā rén zài yì qǐ chī yuè bing
一 家 人 在 一 起，吃 月 饼、
shǎng yuè
赏 月。

7

guó qìng jié shì shén me jié rì
国 庆 节 是 什 么 节 日 ？

shì jì niàn xīn zhōng guó chéng lì de
是 纪 念 新 中 国 成 立 的
rì zi
日 子。

8

hán guó yuán xiāo jié yě chī tāng yuán
韩 国 元 宵 节 也 吃 汤 圆
ma
吗 ？

bù chī chī wǔ gǔ fàn
不 吃，吃 五 谷 饭。

5

13) 些 xiē: 약간, 조금
☞ 这些书 zhè xiē shū
　- 이 책들
14) 等 děng: 등
- 열거할 때 사용

6

15) 习俗 xísú: 풍속
16) 一家人 yìjiārén: 한 집안
식구
17) 月饼 yuèbing: 월병
-보름달 모양으로 다양한 견
　과류가 소로 들어간 음식
18) 赏月 shǎngyuè: 달을
감상하다

7

19) 纪念 jìniàn: 기념하다
20) 成立 chénglì: 성립하다
21) 日子 rìzi: 날, 날짜

8

22) 元宵节 yuánxiāojié: 정
월 대보름
23) 汤圆 tāngyuán: 새알심
과 비슷한 모양의 음식
24) 五谷饭 wǔgǔfàn: 오곡밥

阳历
yánglì
양력

元旦
yuándàn
양력설

1月1日

劳动节
láodòngjié
노동절

5月1日

儿童节
értóngjié
어린이 날

6月1日

教师节
jiàoshījié
스승의 날

9月10日

国庆节
guóqìngjié
중화인민공화국
건국기념일

10月1日

圣诞节
shèngdànjié
크리스마스

12月25日

阴历
yīnlì
음력

春节
chūnjié
설

1月1日

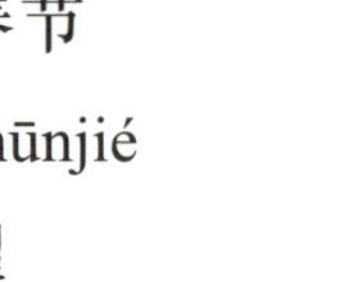

元宵节
yuánxiāojié
정월대보름

1月15日

端午节
duānwǔjié
단오

5月5日

中秋节
zhōngqiūjié
추석

8月15日

1 중국의 양력 명절(기념일)에는 어떤 것들이 있는지 알아봅시다.

阳 历 一 月 一 号 是 元 旦。
五 月 一 号 是 劳 动 节。
六 月 一 号 是 儿 童 节。
十 二 月 二 十 五 号 是 圣 诞 节。

2 중국의 음력 명절에는 어떤 것들이 있는지 알아봅시다.

阴 历 一 月 一 号 是 春 节。
阴 历 一 月 十 五 号 是 元 宵 节。
阴 历 五 月 五 号 是 端 午 节。
阴 历 八 月 十 五 号 是 中 秋 节。

3 '快乐!'를 사용하여 '즐거운 ～이(가) 되십시오'라고 축원해 봅시다.

新 年 快 乐!
圣 诞 节 快 乐!
中 秋 节 快 乐!
节 日 快 乐!

 ‘祝你~’를 사용하여 ‘~하기를 바랍니다’ 라고 자신의 마음을 전해 봅시다.

祝你万事如意！
祝你身体健康！
祝你天天幸福！
祝你学习进步！

5 다음의 명절(기념일)의 의미나 풍속을 묻고 대답해 봅시다.

国庆节是什么日子？
是纪念新中国成立的日子。

光复节 (guāngfùjié) 是什么日子？
是韩国独立 (dúlì) 的纪念日。

韩国元宵节也吃汤圆吗？
不吃，吃五谷饭。

韩国中秋节也吃月饼吗？
不吃，吃松糕 (sōnggāo)。

写 一 写

guò	guò	guò	guò	guò				
过	过	过	过	过				
jié	jié	jié	jié	jié				
节	节	节	节	节				
jì	jì	jì	jì	jì				
纪	纪	纪	纪	纪				
niàn	niàn	niàn	niàn	niàn				
念	念	念	念	念				
yáng	yáng	yáng	yáng	yáng				
阳	阳	阳	阳	阳				
yīn	yīn	yīn	yīn	yīn				
阴	阴	阴	阴	阴				
jiàn	jiàn	jiàn	jiàn	jiàn				
健	健	健	健	健				
kāng	kāng	kāng	kāng	kāng				
康	康	康	康	康				
sú	sú	sú	sú	sú				
俗	俗	俗	俗	俗				
qìng	qìng	qìng	qìng	qìng				
庆	庆	庆	庆	庆				

28 我打算去旅游

- 여행, 방학과 관련된 낱말들을 익혀 봅시다.
- 명승지와 관련된 낱말들을 익혀 봅시다.
- 중국의 명승지를 알아봅시다.
- 자신의 방학 계획을 말하여 봅시다.

여행, 방학과 관련된 낱말

放假	fàngjià	방학하다
寒假	hánjià	겨울 방학
暑假	shǔjià	여름 방학
假期	jiàqī	방학 기간
旅游	lǚyóu	여행하다

명승지와 관련된 낱말

山水	shānshuǐ	산수
风景	fēngjǐng	풍경
有名	yǒumíng	유명하다
美丽	měilì	아름답다
秀丽	xiùlì	수려하다
迷人	mírén	마음을 끌다
雄伟	xióngwěi	웅장하다
壮观	zhuàngguān	장관이다
名胜古迹	míngshènggǔjì	명승고적

说 一 说

kuài yào fàng jià le　nǐ dǎ suan zuò
快要放假了，你打算做
shén me
什么？

wǒ dǎ suan qù háng zhōu lǚ yóu
我打算去杭州旅游。

2

nǐ qù guo cháng chéng ba　gǎn jué
你去过长城吧？感觉
zěn me yàng
怎么样？

wǒ qù guo，zhēn shi xióng wěi zhuàng
我去过，真是雄伟壮
guān
观！

3

běi jīng hái yǒu nǎ xiē dì fang yīng
北京还有哪些地方应
gāi qù
该去？

gù gōng　　yí hé yuán dōu yīng gāi qù
故宫、颐和园都应该去
kàn kan
看看。

4

zhōng guó hái yǒu shén me míng shèng gǔ
中国还有什么名胜古
jì
迹？

xī ān de bīng mǎ yǒng hěn yǒu míng
西安的兵马俑很有名。

낱｜말｜풀｜이

1

1) **快要～了** kuàiyào~le: 곧
　～하다
2) **打算** dǎsuan: ～할 작정
이다, ～하려고 하다
3) **杭州** hángzhōu: 항주（도
시 이름）

2

4) **长城** chángchéng: 만리
장성
5) **感觉** gǎnjué: 느낌, 느끼다

3

6) **应该** yīnggāi: 마땅히 ～
해야 한다
7) **故宫** gùgōng: 자금성
8) **颐和园** yíhéyuán: 이화원

4

9) **西安** xī'ān: 서안
10) **兵马俑** bīngmǎyǒng: 병
마용（진시황 무덤에서 나온 진
흙으로 빚은 군사와 말）

5

zhōng guó shén me　dì fang fēng jǐng zuì
中 国 什 么 地 方 风 景 最
měi lì
美 丽？

wǒ tīng shuō guì lín shān shuǐ jiǎ tiān xià
我 听 说 桂 林 山 水 甲 天 下。

6

nǐ duì nǎ ge dì fang yìn xiàng zuì shēn
你 对 哪 个 地 方 印 象 最 深？

cháng bái shān gěi wǒ de yìn xiàng zuì
长 白 山 给 我 的 印 象 最
shēn kè
深 刻。

7

yǒu jī huì wǒ men yì qǐ qù lǚ
有 机 会 我 们 一 起 去 旅
yóu ba
游 吧！

hǎo ba děng xià ge shǔ jià yì qǐ
好 吧，等 下 个 暑 假 一 起
qù ba
去 吧。

8

lái wǒ men yì qǐ zhào zhāng xiàng
来，我 们 一 起 照 张 相
ba
吧！

dà jiā xiào yi xiào shuō qié zi
大 家 笑 一 笑，说 "茄 子"！

5

11) 桂林 guìlín: 계림
12) 甲 jiǎ: 첫째, 제1
13) 天下 tiānxià: 천하
• 桂林山水甲天下
  guìlín shānshuǐ jiǎ tiānxià
  -계림의 경치는 세상에서 제
  일이다

6

14) 印象 yìnxiàng: 인상
15) 长白山 chángbáishān:
백두산
16) 深刻 shēnkè: 깊다

8

17) 照相 zhàoxiàng: 사진을
찍다
※张은 照相의 양사. 양사 앞
에 오는 '一'는 생략될 때가
많다.
18) 茄子 qiézi: 가지. 우리
가 사진 찍을 때 '김치~'하
는 것처럼 중국사람들은 '茄
子~'라 한다.

布达拉宫
bùdálāgōng
티벳 포달라궁

香港九龙
xiānggǎng jiǔlóng
홍콩 구룡반도

泰山
tàishān
산동 태산

东方明珠塔
dōngfāng míngzhūtǎ
상해 동방명주타워

西湖
xīhú
항주 서호

哈尔滨冰灯
hā'ěrbīn bīngdēng
하얼빈 얼음축제

龙门石窟
lóngmén shíkū
낙양 용문석굴

内蒙古草原
nèiměnggǔ cǎoyuán
내몽고 초원

1 방학이 되면 무엇을 할 계획인지 서로 이야기해 봅시다.

〈快要放假了，你打算做什么？〉

我打算去中国旅游。
我打算去北京旅游。
我打算去香港旅游。
我打算去长白山旅游。

2 아름다운 경치를 접했을 때 탄성을 자아내게 됩니다. 많이 쓰이는 감탄사들을
익혀 봅시다.

真是雄伟壮观！
真是山青水秀！
真是风景如画！
真是景色迷人！

3 우리가 겪어본 것들 중에 어떤 것들이 가장 인상에 남는지 이야기해 봅시다.

你对哪个地方印象最深？
我对故宫印象最深。

你对哪个城市印象最深？
我对上海印象最深。

你对哪本书印象最深？
我对（　　　　　　）印象最深。

4 '기회가 있으면 함께 ~ 하자.'라는 표현을 익혀 봅시다.

有机会我们一起去旅游吧！
有机会我们一起去看电影吧！
有机会我们一起去图书馆吧！
有机会我们一起去公园吧！

5 중국의 유명한 명승고적에는 어떤 것들이 있는지 설명해 봅시다.

〈中国有什么名胜古迹？〉

北京的长城很雄伟。
西安的兵马俑很壮观。
杭州的西湖很美丽。
山东的泰山很有名。

fàng	fàng	fàng	fàng	fàng					
放	放	放	放	放					
jià	jià	jià	jià	jià					
假	假	假	假	假					
yīng	yīng	yīng	yīng	yīng					
应	应	应	应	应					
gāi	gāi	gāi	gāi	gāi					
该	该	该	该	该					
lǚ	lǚ	lǚ	lǚ	lǚ					
旅	旅	旅	旅	旅					
yóu	yóu	yóu	yóu	yóu					
游	游	游	游	游					
zhào	zhào	zhào	zhào	zhào					
照	照	照	照	照					
xiàng	xiàng	xiàng	xiàng	xiàng					
相	相	相	相	相					
jǐng	jǐng	jǐng	jǐng	jǐng					
景	景	景	景	景					
lì	lì	lì	lì	lì					
丽	丽	丽	丽	丽					

29 我 的 生 日

- 중국어로 일기를 써 봅시다.
- 생일과 관련된 낱말들을 익혀 봅시다.
- 자신의 생일날 있었던 일들을 말해 봅시다.

생일과 관련된 낱말

生日　shēngrì　생일

派对　pàiduì　파티

晚会　wǎnhuì　(저녁) 파티

蛋糕　dàngāo　케잌

蜡烛　làzhú　촛불

贺卡　hèkǎ　축하카드

礼物　lǐwù　선물

送　sòng　주다, 선물하다

收　shōu　받다

祝你生日快乐！　zhù nǐ shēngrì kuàilè　생일 축하합니다!

日记　rìjì　일기

2005 年 12 月 2 日　　星期六　　晴

今天是我的生日。我请来了班里的同学和两个中国朋友，在家里开了生日晚会。我把中国朋友介绍给同学们，让他们互相认识，他们很快就熟悉了。

晚会上，大家都对我说"祝你生日快乐"，还为我唱了生日歌。我吹了生日蜡烛，许下了心愿。然后我们一起吃了蛋糕

낱｜말｜풀｜이

1) **请** qǐng: 초대하다

2) **开** kāi: 열다, 개최하다

3) **介绍** jièshào: 소개하다

4) **互相** hùxiāng: 서로

5) **认识** rènshi: 알다

6) **熟悉** shúxī: 잘 알다

7) **吹** chuī: 불다

8) **许下** xǔxià: 소원을 빌다

9) **心愿** xīnyuàn: 소원

10) **然后** ránhòu: 그리고 나서

和很多好吃的菜。大家边吃边聊，可热闹
了！

我收到了很多漂亮的礼物，有娃娃、
本子、还有彩色铅笔。我属狗，所以妈妈送
给我一只非常可爱的玩具小狗。

我今天特别高兴，因为我又长大了一
岁。希望我和我的家人、朋友都能健康平
安，开开心心地度过每一天！

낱 | 말 | 풀 | 이

11) 边～边～ biān～biān～: ～하면서 ～하다
☞ 边听音乐边跑步
　　biān tīng yīnyuè biān pǎobù
　　-음악을 들으면서 조깅을하다.
12) 聊 liáo: 한담하다, 이야기하다
　-'聊天儿' liáotiānr 이라고도 한다
13) 娃娃 wáwa: 인형
14) 彩色铅笔 cǎisè qiānbǐ: 색연필
15) 属 shǔ: ～띠이다
16) 所以 suǒyǐ: 그래서

17) 只 zhī: 동물을 세는 단위
18) 可爱 kě'ài: 귀엽다
19) 玩具 wánjù: 장난감
20) 又 yòu: 또
21) 希望 xīwàng: 희망하다
22) 健康 jiànkāng: 건강하다
23) 平安 píng'ān: 평안하다
24) 度过 dùguò: 보내다
25) 每 měi: 매, 각, ～마다

鼠
shǔ
쥐

牛
niú
소

虎
hǔ
호랑이

兔
tù
토끼

龙
lóng
용

蛇
shé
뱀

马
mǎ
말

羊
yáng
양

猴
hóu
원숭이

鸡
jī
닭

狗
gǒu
개

猪
zhū
돼지

오늘 무슨 일이 있었는지 일기를 써 봅시다.

年　　月　　日　　星期（　）　　天气：

年　　月　　日　　星期（　）　　天气：

huì	huì	huì	huì	huì				
会	会	会	会	会				
lǐ	lǐ	lǐ	lǐ	lǐ				
礼	礼	礼	礼	礼				
wù	wù	wù	wù	wù				
物	物	物	物	物				
jiè	jiè	jiè	jiè	jiè				
介	介	介	介	介				
shào	shào	shào	shào	shào				
绍	绍	绍	绍	绍				
zhù	zhù	zhù	zhù	zhù				
祝	祝	祝	祝	祝				
hè	hè	hè	hè	hè				
贺	贺	贺	贺	贺				
kǎ	kǎ	kǎ	kǎ	kǎ				
卡	卡	卡	卡	卡				
jiù	jiù	jiù	jiù	jiù				
就	就	就	就	就				
ràng	ràng	ràng	ràng	ràng				
让	让	让	让	让				

30 我在北京

- 중국어로 한 편의 글을 써 봅시다.
- 문장 부호를 사용하는 방법을 알아봅시다.
- 자신의 북경 생활을 소개하여 봅시다.

문장 부호

。句号　jùhào　마침표

，逗号　dòuhào　쉼표

、顿号　dùnhào　모점

？问号　wènhào　물음표

！叹号　tànhào　느낌표

：冒号　màohào　콜론

；分号　fēnhào　세미콜론

"" 引号　yǐnhào　따옴표, 인용 부호

（ ）括号　kuòhào　괄호

《 》书名号　shūmínghào　서명 부호

……省略号　shěnglüèhào　생략 부호

我在北京

<table>
<tr><td></td><td></td><td>wǒ</td><td>lái</td><td>běi</td><td>jīng</td><td>yǐ</td><td>jing</td><td>yì</td><td>nián</td><td>le</td><td></td><td>běi</td></tr>
<tr><td></td><td></td><td>我</td><td>来</td><td>北</td><td>京</td><td>已</td><td>经</td><td>一</td><td>年</td><td>了</td><td>。</td><td>北</td></tr>
<tr><td>jīng</td><td>hěn</td><td>dà</td><td></td><td>rén</td><td>hěn</td><td>duō</td><td></td><td>zì</td><td>xíng</td><td>chē</td><td>yě</td><td>tè</td></tr>
<tr><td>京</td><td>很</td><td>大</td><td>，</td><td>人</td><td>很</td><td>多</td><td>，</td><td>自</td><td>行</td><td>车</td><td>也</td><td>特</td></tr>
<tr><td>bié</td><td>duō</td><td></td><td>gāng</td><td>lái</td><td>de</td><td>shí</td><td>hou</td><td></td><td>wǒ</td><td>hěn</td><td>bù</td><td>xí</td></tr>
<tr><td>别</td><td>多</td><td>。</td><td>刚</td><td>来</td><td>的</td><td>时</td><td>候</td><td>，</td><td>我</td><td>很</td><td>不</td><td>习</td></tr>
<tr><td>guàn</td><td>zhè</td><td>li</td><td>de</td><td>shēng</td><td>huó</td><td></td><td>dàn</td><td>xiàn</td><td>zài</td><td>wǒ</td><td>què</td><td>xǐ</td></tr>
<tr><td>惯</td><td>这</td><td>里</td><td>的</td><td>生</td><td>活</td><td>，</td><td>但</td><td>现</td><td>在</td><td>我</td><td>却</td><td>喜</td></tr>
<tr><td>huan</td><td>shàng</td><td>le</td><td>běi</td><td>jīng</td><td></td><td></td><td></td><td></td><td></td><td></td><td></td><td></td></tr>
<tr><td>欢</td><td>上</td><td>了</td><td>北</td><td>京</td><td>。</td><td></td><td></td><td></td><td></td><td></td><td></td><td></td></tr>
<tr><td></td><td>běi</td><td>jīng</td><td>yǒu</td><td>xǔ</td><td>duō</td><td>míng</td><td>shèng</td><td>gǔ</td><td>jì</td><td></td><td>qí</td><td></td></tr>
<tr><td></td><td>北</td><td>京</td><td>有</td><td>许</td><td>多</td><td>名</td><td>胜</td><td>古</td><td>迹</td><td>，</td><td>其</td><td></td></tr>
<tr><td>zhōng</td><td>bù</td><td>shǎo</td><td>dì</td><td>fang</td><td>bà</td><td>ba</td><td></td><td>mā</td><td>ma</td><td>dōu</td><td>dài</td><td>wǒ</td></tr>
<tr><td>中</td><td>不</td><td>少</td><td>地</td><td>方</td><td>爸</td><td>爸</td><td>、</td><td>妈</td><td>妈</td><td>都</td><td>带</td><td>我</td></tr>
<tr><td>qù</td><td>guo</td><td></td><td>chú</td><td>le</td><td>cháng</td><td>chéng</td><td></td><td>gù</td><td>gōng</td><td></td><td>hái</td><td>yǒu</td></tr>
<tr><td>去</td><td>过</td><td>。</td><td>除</td><td>了</td><td>长</td><td>城</td><td>、</td><td>故</td><td>宫</td><td>，</td><td>还</td><td>有</td></tr>
<tr><td>tiān</td><td>tán</td><td></td><td>yí</td><td>hé</td><td>yuán</td><td></td><td></td><td>zài</td><td>měi</td><td>ge</td><td>dì</td><td>fang</td></tr>
<tr><td>天</td><td>坛</td><td>、</td><td>颐</td><td>和</td><td>园</td><td>…</td><td>…</td><td>在</td><td>每</td><td>个</td><td>地</td><td>方</td></tr>
<tr><td>wǒ</td><td>men</td><td>dōu</td><td>zhào</td><td>le</td><td>hěn</td><td>duō</td><td>zhào</td><td>piàn</td><td></td><td></td><td></td><td></td></tr>
<tr><td>我</td><td>们</td><td>都</td><td>照</td><td>了</td><td>很</td><td>多</td><td>照</td><td>片</td><td>。</td><td></td><td></td><td></td></tr>
</table>

낱 | 말 | 풀 | 이

1) **生活** shēnghuó : 생활
2) **但** dàn : 그러나 - **但是** dànshì 라고도 한다.
3) **却** què : 도리어, 오히려
4) **上** shàng : ～하게 되다
   -어떤 동작이나 행위가 대상물에 미치기 시작
   하여 지속됨을 나타낸다.
   ☞ **我爱上了音乐。** wǒ ài shàng le yīnyuè
   -나는 음악을 좋아하게 되었다.
5) **许多** xǔduō : 수많은
6) **其中** qízhōng : 그 중
7) **带** dài : 데리고 다니다, 인솔하다
8) **除了** chúle ～**还** hái～ : ～외에 또 ～하다
9) **天坛** tiāntán : 천단
10) **照照片** zhào zhàopiàn : 사진을 찍다

北京还有很多好吃的东西。我最爱吃羊肉串，又香又辣，可好吃了。糖葫芦也不错，酸酸甜甜的，我弟弟特别喜欢。他每次吃的时候都会说："真好吃啊！"

这一年，我的汉语进步很大，也认识了一些中国朋友。我越来越喜欢北京了，真希望能在北京多住些时间，好好儿看看北京，好好儿学习汉语。

11) **香** xiāng: 향기롭다, 맛있다

12) **糖葫芦** tánghúlu: 산사자 또는 해당화 열매를 꼬치에 꿰어 설탕물을 묻혀 굳힌 것.

13) **不错** búcuò: 좋다

14) **一些** yìxiē: 약간, 조금

15) **越来越~** yuèláiyuè~: ～할수록～하다

☞ **天气越来越热。** tiānqì yuèláiyuè rè
  -날씨가 갈수록 더워진다.

16) **段** duàn: 구간, 단 – 시간이나 노정의 일정한 구간을 세는 양사

☞ **过一段时间再看吧。** guò yíduàn shíjiān zài kàn ba -시간이 얼마간 지난 뒤에 다시 보자.

胡同
hútòng
북경의 옛 골목

四合院
sìhéyuàn
북경의 옛 가옥

京剧
jīngjù
경극

老北京炸酱面
lǎoběijīng
zhájiàngmiàn
북경 전통 짜장면

天安门
tiān'ānmén
천안문

人民大会堂
rénmín dàhuìtáng
인민대회당

中华世纪坛
zhōnghuá shìjìtán
중화 세기단

2008 年奥运会
èr líng líng bā
nián àoyùnhuì
2008년 올림픽

가장 인상 깊었던 일에 관하여 한 편의 글을 써봅시다.

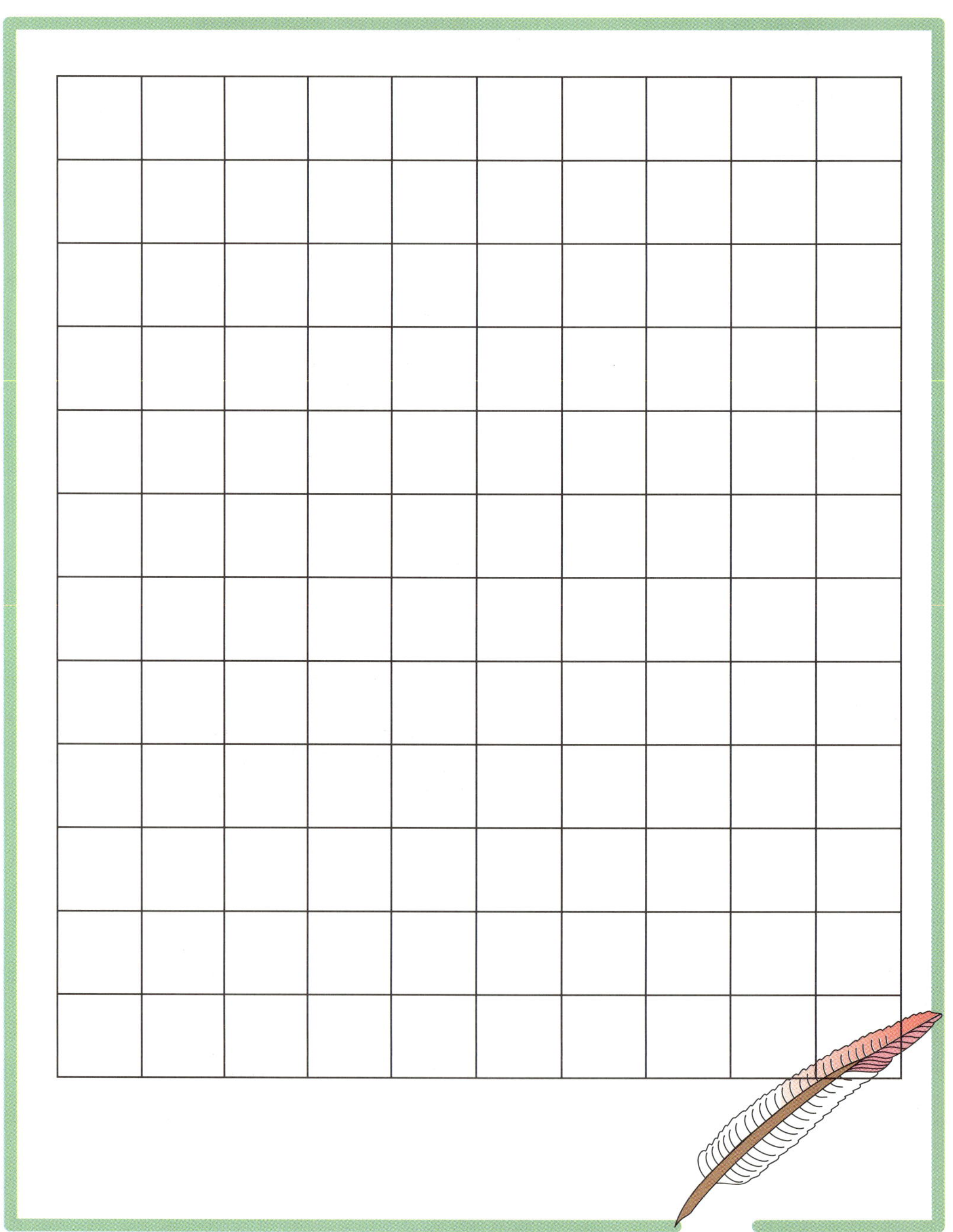

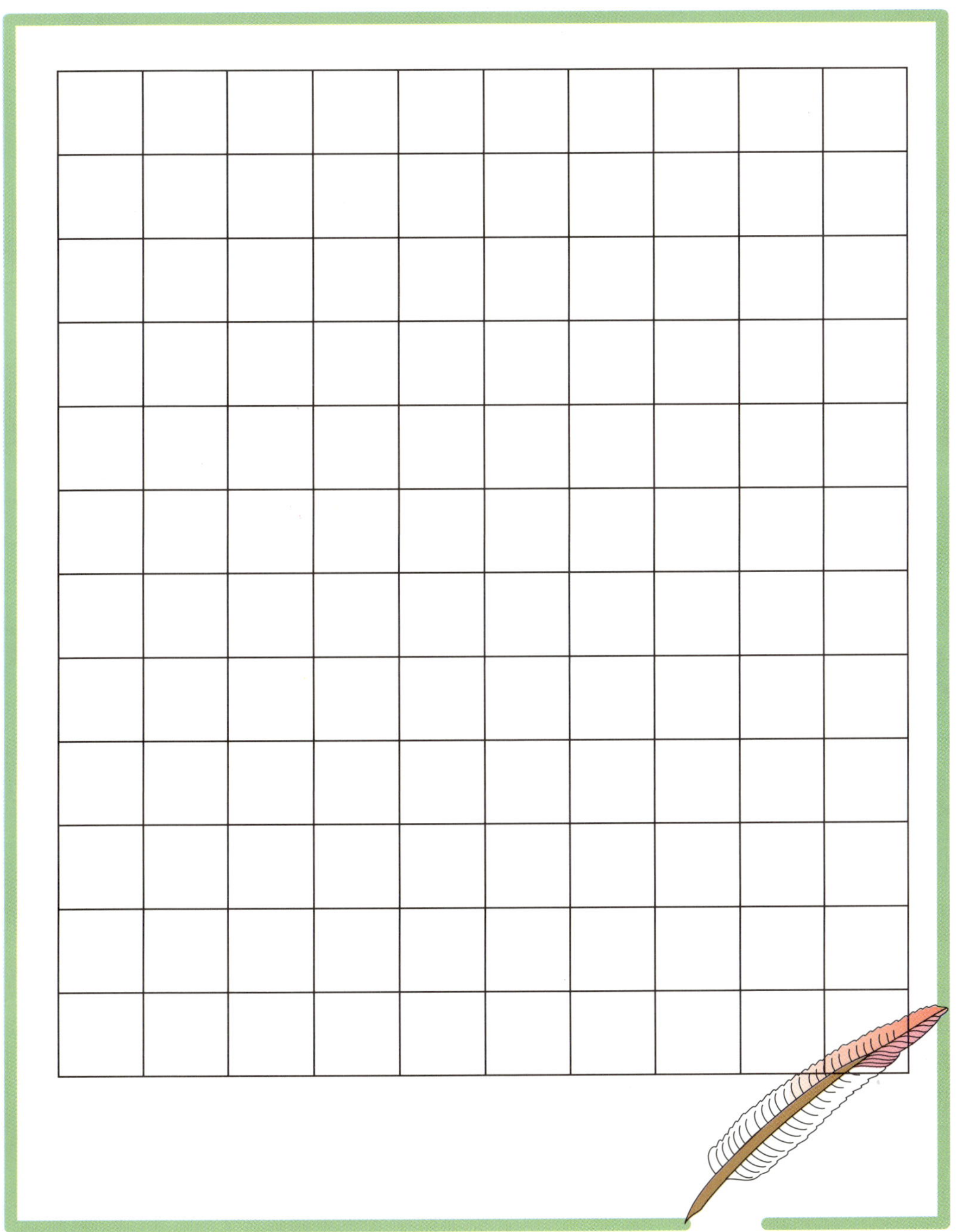

shèng	shèng	shèng	shèng	shèng				
胜	胜	胜	胜	胜				
dài	dài	dài	dài	dài				
带	带	带	带	带				
huó	huó	huó	huó	huó				
活	活	活	活	活				
chú	chú	chú	chú	chú				
除	除	除	除	除				
dōu	dōu	dōu	dōu	dōu				
都	都	都	都	都				
jìn	jìn	jìn	jìn	jìn				
进	进	进	进	进				
bù	bù	bù	bù	bù				
步	步	步	步	步				
hòu	hòu	hòu	hòu	hòu				
候	候	候	候	候				
yuè	yuè	yuè	yuè	yuè				
越	越	越	越	越				
néng	néng	néng	néng	néng				
能	能	能	能	能				

집필자 소개(가나다 순)

김주영 (金周永)	경북대학교 중어중문학과 졸업 北京语言大学 현대한어 전공, 석사학위 취득
张　慧 (장후이)	陕西师范大学 중문과 졸업
周京平 (저우징핑)	首都师范大学 중문과 졸업
채심연 (蔡心妍)	한국외국어대학교 중국어과 졸업, 학사·석사학위 취득 南开大学 문학원 중문과 졸업, 박사학위 취득
韩　璐 (한루)	首都师范大学 중문과 졸업
韩秀娟 (한시우쥐엔)	齐齐哈尔师范大学 중문과 졸업 首都师范大学 중문과 석사과정 수료
洪　燕 (홍옌)	北京语言大学 대외한어과 졸업

삽화 도안

刘桢 (리우전), 陈佳敏 (천지아민)　　　中国徐悲鸿画室 (중국 쉬뻬이홍화실)

저자와의
합의하에
인지생략

띠다오 중국어 – 바로 배우고 바로 말한다

2006년　2월 25일　초판 인쇄
2009년　1월 10일　초판 2쇄발행

편저자　북경한국국제학교 한어교육부
발행인　김　　철　　환

발행처　도서출판　民豪書林

413-832 경기도 파주시 교하읍 문발리 526-3
　　　　(파주출판문화정보산업단지)
등록　1979년　7월 23일　제2-61호 (윤)
전화　031-955-6500~6/ 팩스 031-955-6525
e-mail : editmin@minjungdic.co.kr
홈페이지 : http://www.minjungdic.co.kr
조　판　(주) 성 지 이 디 피

정가 16,000원　　　　ISBN 89-387-1018-1 53720